JN408881

새는 날고
꽃은 피어

고려대학교 평생교육원 시창작과정
2014 엔솔로지 제4집

새는 날고 꽃은 피어

최문옥 外

문학공원

<발간사>

무조건 써라

김 순 진(지도교수)

고려대학교 평생교육원 시창작과정에서 강의한 지 벌써 만 4년이 지났다. 정규대학과정으로 말하자면 이제 첫 졸업생을 낸 셈이다. 그런데 그 동안 정말 수많은 분이 다녀갔다. 그리고 그 분들은 각 문학단체에 진출하여 등단을 하거나 시집을 내고, 문학상을 받는 등 발군의 실력을 보여주고 있다.

이곳으로 공부하러 오시는 분들은 정말 각계각층의 사람들이 오신다. 팔순의 어른이 있는가 하면, 최고 경영자의 자리에 계셨던 분도 있고, 아나운서나 PD, 신문기자, 교장을 지낸 분 등 다양하다. 그런가하면 멀리 부산, 군산, 영주, 원주, 청주, 춘천, 연천 등지에서도 공부하러 다니시는 열정을 보여주셔서 배움이라는 것은 그 어떠한 것보다 숭고하다는 것을 우리에게 깨닫게 해주신다.

그만치 열정이 많으셔서 너무나 빠른 성장을 보여주실 땐 눈물이 핑 돌기도 한다. 강의시간에 따져본 적이 있다. 우리 강의가 학기당 15강이고 세 시간 강의 중에 반은 시창작론을 강의하고 반은 실습을 하니까 계산해보니 90분 X 15일 = 1,350분. 이를 60분으로 나누니까 22시간 30분이 나온다. 그러니까 만 하루도 안 되는 공부에 실력은 10년 공부에 득도를 한 듯하다.

시를 잘 쓸 수 있는 방법은 한 가지뿐이다. 우선 써보는 것이다. 글을 쓰고 싶은 사람들이 "선생님! 어떻게 하면 글을 잘 쓸 수 있을까요?"라고 박완서 선생께 물었을 때 선생께서는 "우선 한 번 써 보시죠."라고 대답했다고 한다. 우리 속담에 "부뚜막에 소금도 집어넣어야 짜다."란 말이 있다. 소금을 넣지 않고 아무 음식도 할 수 없듯이, 쓰지 않고 관망만으로는 아무 글도 쓸 수가 없다. 산에 가야 범을 잡고 먹어봐야 맛을 안다는 말이다. 누가 알아주든지 몰라주든지 읽어주든지 안 읽어주든지 비아냥대든지 칭찬하든지를 상관치 말고 써야 한다. 무조건 써라. 시든, 수필이든, 소설이든 상관치 않고 내가 글이 최소 500 편을 넘어설 때 비로소 내 생각을 마음대로 표현해낼 힘이 생긴다고 나는 생각한다.

쓰는 일은 생산과 저장을 한꺼번에 하는 작업이다. 이 세상 모든 생산은 소비가 한정되어 있고 매점매석도 과소비도 제한을 받지만, 창작만큼은 아무리 많이 생산해낸다고 해서 누가 뭐랄 사람도 없다. 쌓아놓을 공간을 걱정할 필요도 없으며, 세월이 지난다고 해서 녹슬거나 부패하거나 헤지지 않는다. 나는 김소월이나 윤동주, 김유정이나 이효석의 글이 그렇게 잘 썼다고 보지 않는다. 그러나 그들은 지금 우리나라 최고의 지식인으로 꼽히고 있지 않은가? 지금 여러분이 쓰는 글들은 그들을 능가하고 있고, 그들의 명성을 능가할 날도 머지않았으며 지금 여러분이 쓰는 글은 여러분 후손들을 명예롭고 부유하게 하는 일임이 분명하다.

사람에게 가장 큰 적이 있다면 자기 자신이다. 또한 사람에게 가장 큰 후원자가 있다면 그도 역시 자기 자신이다. 나태한 나를 경계하고 부족한 나를 격려하며 열심인 나를 칭찬해 부디 건필하시길 빈다.

CONTENTS

CONTENTS

1부
지도교수 초대시

김 순 진

메추리알 외 4편

김 순 진

메추라기는 어미 뱃속에서
제 고향 지도를 그려
온 몸에 뒤집어쓰고 세상으로 나온다
물소리를 그려 넣고
산 그림자를 그려 넣고
개울가 돌바닥을 그려 넣고
어미 새의 핏빛 산고까지 그려 넣느라
정작 자신의 모습을 그려 넣지 못한 메추라기는
좁은 새장에 갇혀
끼룩끼룩 목소리로 강 언덕을 기어오른다
그저 DNA만으로도 고향을 기억해내
결코 강바닥을 잊지 않는다
언제 고향 땅을 밟아보았는지
언제 고향 하늘을 날아보았는지
기억이 나지 않는 메추라기는

발에게

오늘부터 나는 발을 입이라 부른다
나의 입이여
그대는 허공을 씹네
오른쪽 왼쪽 고루 씹네
편식 없는 너의 식습관이여
그래서 더욱 야윈 너의 정신이여
백화점마냥 잘 차려진 밥상이나
월드컵 경기장처럼 비빔밥을 희망하는 입이여
고속도로마냥 쫄깃한 횟감을 좋아하는 입이여
지렁이 꿈틀대는 시골길을 먹고 싶진 않은가
구리디 구린 홍어회나 막걸리면 어떤가
가끔 가축분뇨 냄새나는 축사밥을 먹으면 어떤가
향기 나는 클래식 음악은 자네 구미에 거슬리지 않는가
한동안 의자에서 껌을 뱉은 나의 수평적 어금니여
잘 포장된 인스턴트식을 즐기는 어금니여
노인정 같이 고아원 같이 한적한 식사가 그대를 기다리네
물건을 들어주며 먹는 계단에서의 만찬은 어떤가
아무리 먹어도 허기진 입이여
그대가 추구해야 할 것은 기름진 찬이 아니라
스스로 차려먹는 습관이네

주어와 술어

꽃은 주어를 생략한 채 피어난다
내가 피어나는 것도
네가 피어나는 것도
그대가 피어나는 것도 아닌
그냥 피어난다
싸릿가지 울타리 아래서 핀
키다리꽃도 달리아도 그 앞에 쪼그리고 앉아 핀
키 작은 채송아도
누구의 눈치를 보지 않고
홀로 핀다
주어 없이 술어가 된다

겨우내 뻥튀기장사로 돌아치던 그 아저씨
호루라기 소리에
배꽃이 핀다

뿌리의 시간

시 쓰는 친구가 찾아왔다
나는 접대로 풍물시장에 가서 막걸리를 대접하려 했다
그는 바쁜 시간을 빼앗는 것 아니냐며
그냥 가겠다고 했다
나는 열매의 시간도 가져야하지만
뿌리의 시간도 필요한 거라고 말했다
저지난 해 비가 많이 온 걸 아는 뿌리는 도토리를 많이 매달 계획을 세웠고
지난 해 가물었던 걸 아는 뿌리는 상수리를 조금 매달 계획을 세웠다
지금 우리는 뿌리의 시간
다소 앞날이 어둡고 불투명하더라도
더듬더듬 손을 뻗어 우정을 다지다 나면
주렁주렁 달린 푸른 날들을 보리라

그 특유의 너털웃음을 보며 마시는 해물파전에 막걸리는
보름달처럼 서로의 마음을 비추며 가슴 깊이 뿌리내렸다

수석발레리나에게

그녀가 차이콥스키 백조의 호수를 공연할 때
나는 조명감독이고 싶었다
그러나 나는 구석진 C급 객석에서 그녀를 보았다
막이 오르고 조연들이 무대로 나와
공연이 시작되었을 때 관객들은 환호했다
그러나 나는 박수치지 않았다
마침내 수석발레리나 마드모아젤이 왼쪽 장막 끝에서
점프와 턴을 거듭하며 등장했다
나는 두 손에 깍지를 낀 채 숨을 참고 있었다
그랑뻴리에 알라스공드 앙오
그녀가 탭슈즈를 세우고 발끝을 돌려 팔을 펼쳤을 때
나는 무지개나라에 가 있었다
백조의 군무는 시작되었고
나는 어느새 공연장 속에서 그녀를 맴도는 한 마리 백조가 되어 있었다
약간의 바람이 불고 내 마음의 호수는 금빛 물비늘로 일렁였다

공연은 계속되었고 관중들은 열광했으나
나는 넋을 잃고 바라만 보고 있었다
그녀는 백조를 가장한 러시아 군대

내 마음을 초토화시킨 그녀는 나를 지배했고
나는 속국의 설움도 모르는 채 그녀에 지배를 인정했다
이제 나는 그녀의 식민지 지배가 타당하다 말하는 서정주
나는 그녀를 위해 젊은이에게 군대에 가라고 독려하며
그녀를 위해 미사여구를 늘어놓을 것이다

2부

2014년 1학기 수료생 초대시

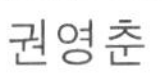

권영춘

김방주

김정태

김종우

손문자

안정운

이덕수

이숙자

이혜숙

최철호

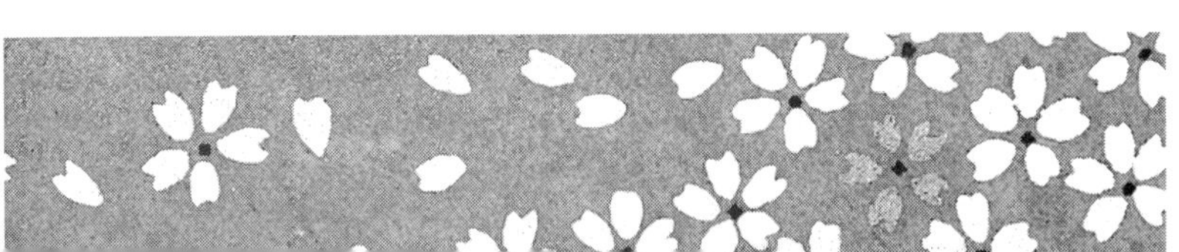

그런 사람을 찾습니다

권 영 춘

풀잎에 맺힌 이슬방울에도 흥분을 감추지 못하는
마음씨 고운 한 사람을 찾습니다
진한 커피 향기에 서로의 마음을 읽으며
가끔은 다소곳이 고개를 끄덕일 줄 아는 사람을 찾습니다
사귈수록 군고구마처럼 구수하고
달콤한 속살을 지닌 사람을 찾습니다
말없이 베풀어 주고도 결코 보답을 바라지 않는
눈물겹도록 고마운 사람을 찾습니다
아부보다는 진솔함을 권위보다는 친절을 내보일 줄 아는
속 깊은 사람을 꼭 찾고 싶습니다

꽃잎이 눈송이처럼 날리는 향원정의 벚꽃길을
햇볕이 길에 누워 잠든 따스한 길을
샛노란 은행 알이 알몸으로 뒹구는 돌담길을
함께 손을 잡고 걷고 싶은 사람을 찾습니다
깊어가는 가을밤에 허전한 마음을 함께 달래며
책갈피 하나 하나에 조용히 새벽을 심으며
가끔은 시원한 눈매로 명상에 잠길 줄 아는
그런 가슴 따뜻한 사람을 찾습니다
내 아내 속에 살고 있는 그분을 찾으러
내일은 이른 아침부터 아내를 만나러 가겠습니다

벚꽃이 되다

김 방 주

며칠 전에 보낸 내 꽃엽서를 받으셨나요
지난 밤 갑자기 찾아온 그녀 옆에서
밤새도록 연분홍의 언어를 나누고 싶었다는 당신
생선뼈를 발라주어야만 먹고,
봄꽃게도 속살을 발라주어야만 먹는다던 당신
벚꽃 피는 모습을 두 번이나 같이 보지 못했노라며
프라이팬에 구워 은박지로 덮어 놓은 생선도 찾아먹지 못해
딸에게 은근히 미안한 마음이 들었다는 당신
여자 친구는 잊느냐는 내 말에 옆에 있는 사람
죽을 때까지 Miss Lee 당신만을 그리워하며 살으란다
잘 익은 딸기와 오렌지 몇 조각 드시더니
나오지 말라며 혼자 걸어가는 당신
뒷모습은 보이고 싶지 않은 것 같아서 현관문을 바로 닫자
마음이 꽃밭인 그녀는
스스로 벚꽃이 된다

뒤집어질 뻔한 열차

김 정 태

네 살배기 손자 사랑에 푹 빠진 할아버지
아이가 말을 배워 입만 벙긋하면 신바람이다
할머니들 모이면 손자 자랑 맛에 산다는데
할아비도 손자 재롱 앞에서 사는 맛이 쏠쏠하다
어느 날 아이 데리고 전철을 탔다
경로석에 앉은 머리 하얀 할아버지를 보더니
신기한 듯 눈빛 반짝이던 아이
할아버지! 니 머리는 왜 그렇게 하예요?
천진난만한 아이 한 마디에
열차는 뒤집어질 뻔 났다

신은 인간을 웃고 사랑하게 하여
주저앉고 싶을 때 일어설 수 있게 해준다
터널이 끝나는 구간에서는 밝은 햇살로 황홀하게 하여
무기력한 눈빛에 생기를 불어넣어준다
시험보고 결혼하고 아옹다옹 한세상 살다가
머리 희끗해지고 세월도 희끗해져
모든 것 내려놓고 뒷전을 찾고 싶을 때
신은 잊지 않고 다시
아이라는 귀한 선물로 도닥거려준다

등댓불 연가

김 종 우

1.
뱃길을 사이에 두고
바닷길 먼발치서 맺은 우리의 사랑
북극성 바라보며 닻줄을 올릴 때
뱃머리에 묻어나는 고동소리 아련하다

당신의 품 떠나올 때
눈가에 흘러내리는 눈물을 보았네
두 손 꼭 잡고 흐느끼던 당신
눈 내리는 선창에 서니 당신이 그립다

2.
출렁이는 저녁바다
등대불만이 파도를 접었다 펴면
배 떠난 항구에 홀로 남겨진 그대여
갈매기 알리라 항구의 이별을

등대에 기대어 당신을 그리네
아딧줄은 풍랑으로 휘파람을 부는데
엷은 파도소리에 행여 당신일까
고개를 돌려보지만 바람만 무심하네

벽은 해마다 새롭다

손 문 자

대동강 물이 풀리고
한강에서 푸른 종소리 요란해지면
껍데기로 서 있던 남루한 그가
앙상한 갈비뼈를 일으켜 세운다
그가 까칠해진 담쟁이 넝쿨에 손을 얹고
목말라 기다리던 봄비 촉촉해지면
해묵은 창고에 가득 가두어 두었던
빨간 엽서 속의 약속은 켜켜이 걸어나와
그의 몸에 연둣빛 수를 놓는다
밤낮을 가리지 않고 새록새록 따닥따닥
소리 없이 자라나는 손바닥 손바닥들
가을이 되면 그는 하느님의 아름다운 선율로
빨간 노랑 수채화를 뽐내며 보무당당하리라

단비야 흠뻑 내려라

안 정 운

오락가락 감질나던 비가
밤새 변심을 했나 보다
굵은 사선을 그으며
땅바닥에 내리꽂히고 파편을 튀긴다

그래 그래야지
작거나 크거나 굵거나 가늘거나
앉았거나 걷거나
모두 같이 주어야지

봄 가뭄에 목말랐던 산천초목들
세차게 두들기는 너의 장단에
얼쑤, 덩실덩실 어깨춤을 추는구나
부석부석 말라가던 대지를 축축이 적시니
사랑을 흠뻑 받은 양
넉넉한 울 엄마 마음팍 같구나

아무런 조건 없이 공짜로 내리는 단비
오늘따라 흠뻑 맞고 싶다

물고기에게 봄을 배우다

이 덕 수

물고기를 잡으러 큰 시냇가로 갔다
피라미는 높은 산 윗물을 좋아하는지
내려가지 않고 올라만 간다
피라미는 봄을 타는지
겨울에도 내려가지 않고 돌 틈에 숨어산다
겨울자락이 없어질 때쯤 봄은 오는가
발끝이 시린 네가 자꾸만 움츠린다
옆을 둘러보니 허연 비늘이 너와 마주치고
위로 거무스레한 등이 떠오른다
너의 눈은 봄을 빛나게 하고
너의 숨결은 봄을 앞으로 달려게 한다
너는 봄의 유혹을 어떻게 견디나 살펴보니
조그만 동체에도 입을 벌려 보다 큰 목소리로 봄을 노래한다
봄의 유혹이 계면쩍은 네가 꼬리를 튼다
네가 실종되면 봄은 없어지고 말 터
봄은 사라지겠지만
너와 함께한 내 가슴의 봄은 오래오래 지속될 것이다

막국수, 그녀

이 숙 자

강원을 대표하는 그녀는
구수한 성격에 담백한 멋, 서늘한 기품을 지녔다
나는 오늘도 삼위일체의 매력에 끌려 길을 떠난다
황금주말에 한계령을 넘어 대관령을 넘어 진부령을 넘어간다
도시의 필부필부들, 권모술수에 지쳐 구불진 고갯길을 마다 않는다
동해의 파도를 연상케 하는 알싸한 겨자와
설악의 골바람을 겸비한 상큼한 식초
얼음 띄운 동치미와 동행하는
그녀의 순수미에 케묵은 갈증이 일순에 녹아내린다
그녀의 조상은 봉평 출신
이효석 님이 만대의 자식을 낳게 한 일등 공신이다
동해의 넉넉함과 고고한 설악의 기품이
만인의 그리움을 품고 사는 순수 미인을 만들어 냈다
진짜진짜 순수미인 만나면
배가 되는 위안을 얻어간다

북엇국을 끓이다

이 혜 순

사람들은 나를 꽁꽁 얼려
동태라 부르고
모진 눈보라 몰아치는 바람에 매달아 고생시켜
북어라 부르고
그것도 모자라 얼렸다 녹였다 변덕을 부려
황태라 부르고
배에다 막대기를 꽂아 고생시켜
코다리라 부르고
작은 나를 잡아 말려
노가리라 부른다
그러고도 무엇이 부족해서 배를 갈라 내장을 들어내고
북어포라 부른다
또다시 모질게 두들겨 하나하나 찢어 놓고
북어채라 부른다

그래도 나의 본명은 명태
옛날 함경도 명천에 사는 태씨 성을 가진 어부가 잡은 물고기
당신을 위해 한 목숨 바치며 즐겁다

할미꽃

최 철 호

첩첩산골 시집간 딸
하도 그리워
나는 자줏빛으로 애가 탄다
생전에 못 다한 사랑
꽃이 되어 피어난다

이 밤도 찬 이슬 머리에 이고
흰 머리 나부끼며
숨 넘어 갈 그 순간까지
구름 뚫어 하늘 닿을 기도를 올린다

오늘도 나는 엄마 무덤가에서
지팡이 짚고 가신 저 세상으로 떠나가신
엄마를 따른다

고려대학교 평생교육원 시창작과정
2014년 엔솔로지 4집

3부
재학생 시

고 보 희

부엌 외 4편

고 보 희

세상이 아무리 변했다고 해도
제일 많이 변한 것이 그가 아닌가 싶다
주부들에게 늘 사랑받았던 그도
제때 연탄을 갈아 넣지 못하면
냉방에서 오들오들 떨며 숯불을 피웠었다
대부분 직업여성이 된 요즘 시대에
그는 저만치 밀려난 뒷방 늙은이 신세였다
그렇게 잘 보이지 않는 뒤쪽에 있던 그가
당당히 거실과 마주보이는 곳에서
한 살림 차린 것은 얼마 전의 일이다
연탄 총각의 비위를 맞추든 시절은 옛말
수줍어 얼굴 가리고 살던 그는 이제
육아와 취미생활을 척척해내더니
게다가 재택근무라는 직업까지 가졌다
사람 팔자 정말 모른다더니
상팔자 된 그가 부럽다

보호수

집으로 향하는 길
낙엽들이 발에 밟힌다
긴 세월을 이겨 낸 굵은 팔뚝을 자랑하는 비슬나무 두 그루
밑동에도 수북이 낙엽이 쌓여 있다
그의 웅대함에 숙연한 마음으로 지난 세월을 가늠해 본들
어찌 고목의 산전수전을 알까
가지에 매달려도 끄덕도 안할 것 같다
수령 150년 수고 20미터 나무둘레 3.5미터
이십여 미터 간격으로 서 있는 고목 두 그루
올려다보니 윗가지들은 10미터 쯤 가까이 가 있다
150년 단단하게 내린 뿌리 위에
둘로 나뉜 가지들이 형제를 이루어 떨어질 수 없음에도
독립한 듯 각각 잔가지들을 거느리고 있다
그들은 한 뿌리 위에 건강하고 평화롭게 살아
크고 작은 아름다움을 선물해 주었다
앞으로의 150년을 더 희망하게 하는 이유이다
그때가 오면 수령 300년의 표지를 달아
난공불락의 요새임을 자랑할 거다
나도 고목이 되고 싶다

수능 시험

나는 어제 수능 시험을 보았다
낯선 학교 낯선 교실
대체적으로 문제는 쉬웠으나
펜대 잡은 손은 벌벌 떨렸다

알쏭달쏭한 문제들 뒤로하고
아는 것부터 우선순위로 처리했다
숨소리 죽여 가며 한 문제 한 문제 풀어나갔다
여러 과목 중 수학은 호랑이
영어는 이방인이었다

책상을 베개 삼아 엎드려 졸던 나
시험 끝내고 나오니
교문 밖에서 묵주기도를 하고 계시던 어머니
시험 잘 봤니, 물으신다
잘 했거나 못 했거나 당분간 해방이다
한동안 시험에 들지 않게 해주시니 감사하다

모두 내겐 꿈같은 이야기다

야속한 그, 詩

나는 그를 사랑한다
그런데 그는 늘 내게 멀어져가려 한다
그래도 나는 자꾸만 다가서고 싶다
그러나 그의 곁에서 함께 하기란
산 넘어 산이다
짝사랑을 한 지도 수년이 흘렀지만
그의 내면의 실상은 어디까지인지
격이 높은 그와 친해지려는 욕망은
분수에 넘는 일인지 반성해본다
계속 문을 두드리면 열리려는지
포기할 수 없는 그
모든 것 내려놓고 명상에 잠긴다
멀리 있는 그를 내 곁으로 초대해본다
이제 나는 그가 없으면 무의미한 삶
그가 얼른 바짝 다가와
내 손을 잡아 주었으면

어머니 기일

제사 상 위 어머님 사진에 시선이 간다

월남민들의 급박하던 삶
많이 드세요 어머니
6.25동란에 장남을 잃은 먼산바라기 어머니

요즘 부모들은
그 시절의 부모님의 심정을 헤아릴 수 없다
밥 한 수저 더 먹이려고
나는 아무개네 집에서 수제비를 얻어먹었다
너희들 더 먹어

그 깊은 자식사랑 깨닫지 못하고
한 수저씩 더 먹던 철부지들
어머니는 상 밑에 놓은 빈 그릇으로
수저소리만 내고 계셨다

권 금 주

마음을 빼앗기다 외 4편

– 중앙선 기차에서

권 금 주

아무런 인사 주고받지 않았어도 그는 만날 때마다 기분 좋은 목소리로 반겨줘요

그를 따라 나서는 길에 나는 늘 한 편의 시를 써요

그는 숨을 헐떡이며 뛰다가 힘들면 잠시 쉬었다 다시 길을 떠나요

끝이 보이지 않는 풍경화는 그의 선물인가 봐요

가끔 긴장과 두려움이 두 어깨를 짓누를 때면 나는 그의 어깨에 기대어 눈을 감아요

그럼 그는 정겨운 자장가를 귓가에 소곤대고 난 가끔 꿈길을 거닐곤 해요

그가 요란하게 긴 한숨을 토하며 이리저리 나를 흔들어 깨울 때면 집에 도착했다는 신호예요

그도 나도 다시 일상으로 돌아갈 시간

이별의 시간이 다가오면 그는 아쉬운 듯 한참을 우두커니 멈춰 서서

가는 날 배웅하죠

오늘도 난 슬쩍 마음을 주고 말았어요

여운으로 남아 귓가에 맴도는 그의 목소리

그가 자꾸 아른거리고 보고 싶어져요

아마도 난 사랑에 빠진 것 같아요

그와의 짧은 만남이 아쉬워 다시 만날 시간을 기약해요
만날 때마다 그에게 점점 빠져드는 나
이런 내 마음을 그이도 알까요

그대 잊지 않을게요

네가 처음 이 집에 들어왔을 때 첫째 딸이 다섯 살 둘째딸은 태어나지도 않았을 때였지 사람들이 네 나이를 물을 때마다 난 손으로 너를 어루만지며 그냥 웃기만 했어 스물세 살의 어엿한 숙녀가 된 둘째 딸보다도 더 많은 세월을 살고 있는 넌 사람들의 기억 속에서 가물가물 잊혀진 이름이 되었구나 너는 한때 유명했던 골드스타였지

잘하는 게 많아서 칭찬만 먹고 살아온 네가 얼마 전부터 시름시름 앓기 시작했어 내색하지는 않았지만 눈치 빠른 난 기운 없는 널 안고 바쁘게 집을 나섰지 너에겐 침묵이 흐르고 쿵쾅쿵쾅 뛰는 내 심장소리만이 요란했어 너의 병을 더 이상 고칠 수 없다는 걸 알면서도 혹시나 하는 기대를 가지고 나선 길에 너는 내 품안에서 스르르 곤한 잠을 청했지

너는 빙글빙글 맛있는 소리로 곁에 머물면서 내 입 안 가득 웃음이 되어준 사람이야 잡은 네 손 놓고 싶지 않지만 이제 너를 떠나보낼 준비를 해야 하나 보다 네 아픔이 나에겐 새로운 시작일 수 있게 내가 놓지 못하는 끈을 네가 먼저 놓는구나 떠나려는 널 쉽게 놓지 못하는 내게 널 보내야만 하는 시간이 조금씩 다가온다 이제 서로에게 안녕을 고할 시간이다 서로의 익숙함에서 정

떼야할 시간이야 너의 따뜻함이 많이도 그리울 텐데 나는 어떻게 해야 할까

남겨진 나도 떠나는 너도 그 마음 알기에 그리움의 거리를 두고 이제 너를 보낸다 날 위해 맛있는 행복을 준 너에게 내 사랑의 마지막 손길을 건네며 한 바퀴 두 바퀴 돌다가 이내 숨이 멈춘 네게 마지막 입맞춤을 한다 그저 힘없이 바라보면서 마지막 인사도 제대로 하지 못한 채로 침묵하며 너는 떠났다 생애 마지막 날까지 넌 최고였어 많은 세월 동안 우리를 위해 한결같이 베풀어준 너에게 감사해 새로운 기쁨 하나를 안겨주고 떠나는 네가 새록새록 생각이 나고 너무도 많이 그리울 거야

안녕 정말 사랑했어
잘 가 전자레인지야

시집 오는 날

내가 온다는 소식에
그녀는 손가락 접어가며 기다립니다
내가 출발 했다는 기별은 보냈지만
기다리는 마음이 지루하지는 않을까
염려되는 긴 기다림의 시간입니다

복잡한 도시를 떠나
뻥 뚫린 고속도로를 질주하며
조금씩 그녀를 향해 달려갑니다
콩닥콩닥 뛰는 가슴 진정할 길이 없습니다

앞뒤로 쌩쌩 달리는 차량들 동무삼아
가을 옷으로 곱게 갈아입고
뽐내는 단풍잎들 구경삼아
서두르지 않고 쉬엄쉬엄 달려갑니다

오늘이 가기 전 그대를 만날 생각을 하니
마음속 깊숙이 밀려드는 어떤 궁금함과
반짝반짝 내면의 빛이 되어줄
그녀를 만날 생각을 하니 안절부절 떨립니다

그래도 쉬엄쉬엄 달려갑니다
서두르다 가는 발걸음
돌리는 일 생길까 두렵습니다
그녀를 만날 설렘에 하루는 길기만 합니다

빵순이

아침에도 빵
점심에도 빵
저녁에도 빵
빵 소리만 들어도 자다가 벌떡 일어나는 나는
하루 세끼 빵을 밥처럼 먹을 때가 허다하다

시끌벅적한 원주 중앙시장
허름한 상가 구석진 곳 간판도 없는 작은 빵집엔
오늘도 갓 구운 곰보빵이 한 가득이다
장 보러 나온 것도 까맣게 잊은 채
어린 시절 기억을 더듬으면서
커다란 종이봉투 한가득 곰보빵을 담는다

아버지께서 장에 갔다 오신 날은 늘
책상 서랍 안에 곰보빵이 있었다
슬며시 불러 눈을 찡긋하시며
공부하다가 출출하면 먹어라
건네시던 아버지의 인자하신 목소리가
빵집 앞을 지날 때마다 나를 부른다
넉넉하지 않던 어린 시절

언니 오빠 동생들 몰래 사다 주시곤 하셨던
곰보빵은 달콤한 솜사탕보다도
더 입 안에서 살살 녹았다

철이 없던 그땐 몰래 숨어서 먹다가 체한 적도 여러 번이다
콩 한쪽도 나누어 먹어야 한다는 엄마의 말씀도 잊은 채
빵집 앞을 지날 때마다 아버지가 생각난다
늘 머리 쓰다듬으시며 인자하게 웃어주시던 그 모습을 회상하며
오늘도 나는 아버지 빵을 한 아름 사들고 돌아온다
아버지 그리움이 곰보가 된 나는

아침 산책길

이른 아침 산책을 나섭니다
솜털처럼 가볍게 비워지는 마음입니다
하루를 시작하기 전 자신을 충전하는 시간입니다
아침 산책은 하루를 기분 좋게 열어 줍니다
사람들의 표정이 그늘 없이 맑아보입니다
그 가벼운 걸음걸이에서 또 다른 행복을 발견합니다
노부부가 느린 거북이걸음으로 걸어가고 있습니다
살아온 세월의 흔적과 삶의 여유가 보입니다
중년부부가 발을 맞추며 걸어가고 있습니다
믿음으로 가꾼 그윽한 사랑이 평온합니다
젊은 청년이 빠르게 걸어갑니다
삶의 열정과 부푼 희망이 보입니다
젊은 여인이 이어폰 끼고 흥겹게 걸어갑니다
사랑의 꿈을 꾸는 듯 수줍은 미소가 가득합니다
산책길에 만난 사람들에게서 무언의 가르침을 받습니다
부지런함과 여유를 배웠습니다
무거운 마음 훌훌 털고 돌아오는 발걸음이 가볍기만 합니다
하루의 시작이 설레입니다

김 매 절

곡예사의 첫사랑 외 4편

– 처음 자전거를 타다

김 매 절

친구가 처음으로 자전거를 배운다
친구야, 두어 번만 더 걸음마하고
팔당으로 꼬옥 라이딩 가는 거야
매서운 조교의 목소리에 주눅이 든다

물빗살 수놓인 서래섬 팔 벌린 잠자리 떼
길을 내며 라이딩이 한창이다
바로 서고 우아하게 턴 하세요
토슈 위로 발레 춤 힘차다
사람들은 어느새 만나면 서로의 웃음이 되고
매의 눈을 가진 조교가 된다
햇살 머금은 갈대들의 춤사위
친구 얼굴에 발그라니 일몰로 물든다
메밀 처녀들 가을 빗장 열고
황토방 침실 위로 일제히 드러누웠다
강둑 언저리 마포대교 분수쇼
오색 물빛이 찬란한 가을을 뿜어낸다
낚아 올린 하루해가 다가도록
밤안개 속 곡예사는 열애 중이다

학창시절 아버지 자전거로 일등 하던 날
욕심으로 자전거만 훼손시킨 동무들
또다시 비상을 꿈꾸며 새롭게 날개깃 세우고 있다
빗살 따라 웃음소리 찰방찰방 들리겠다
귓전엔 윙윙 잠자리 떼 날으고
웅웅 자전거가 날개 돋아 오른다

옷 한 벌 챙겨 입다

남양주 석화촌 가든에 가 누룽지 백숙을 시켰다
마치 세상 행복 다 안은 듯
커다란 쟁반 위에 흰 살 우아하게 드러냈다
한 입 뜯어 씹으니 입 안 가득 닭과 놀던
참나무 울타리들의 목소리가 들렸다
오롯한 정원에 들어서니 오밀조밀한 수석들로 눈이 즐겁다
잠시 친구와 커다란 돌마루에 걸터앉았다
지나는 바람이 친구는 돈으로 살 수 없다며 귓속말을 걸어왔다
시크릿가든, 녹차라떼를 사이에 두고 창문 밖 풍광을 바라본다
분분한 바람이 소리 없이 짖으며 휘휘 양몰이한다
한바탕 빛의 산란을 마친 나뭇잎 연어들이
이리저리 몰린다
보자기 없이 풀어 헤친 이야기가 하루를 감싸고 있다
녹차향이 알라딘의 마술램프처럼 유년의 꿈을 불러낸다
나는 누더기를 벗고 행복의 옷 한 벌 챙겨입었다

소금꽃 피다

솔섬 증도 아래 수차가 돈다
석양의 낙조로 서그락서그락 목울음을 울었다
사람들의 환호와 해송의 바람으로 소금꽃이 핀다
몸을 가누지 못한 파도는 천년의 빛이 되어 오른다
그 자리에 태고의 신비처럼 상고대가 솟았다
철부선 위를 날며 울어대는 한 마리의 휘파람새
해녀의 노래를 날마다 들려주었다
죽어야 살아난다는 수만 번의 삽질로
돌기마다 흰 분칠 포대 속 안식을 얻어냈다
흰 포말의 곡선 30만 가마 상거래 꽃 피어올랐다

지반 위로 석출한 천일염 신안의 명물
너는 흐드러진 눈물꽃
곰국 속에 융화로 뒤틀린 심사에 쓴소리로
흠모하는 이의 달콤함으로 짜디짠 속내 비워내고
게랑드[1]가 되어 그 이름을 피워냈다
격자무늬 고딕의 결정체 유일신의 선물
세상에 빛과 소금이 되었다

---

1) 게랑드 프랑스의 명품소금

소보루빵과 아버지

수발드는 어둠 아래 버거운 듯 감시자들의
눈알들이 거리마다 부라리고 서 있다
휘청한 거리는 네온 불빛 사이로 야성을 이루고
질펀한 도시의 밤은 업장마다 기다림의 빗장을 열고 긴 밤을 지켜낸다
이렇게 야심한 밤이면 아버지 생각에 눈시울
붉다
행여나 막내딸 걱정으로 이 밤 지새우시며 궁금증에 통화가 길다
어느때 부터인가 아버지는 손등에 훈장 하나
달고 사신다
팔순이 훨씬 넘은 그 세월 속에 삼남매 키워 내신 마른손 위로 울퉁불퉁 돌기들이 돋아나 있다
내가 그토록 좋아 하는 소보루빵을 닮은 아버지의 손등 그 위로 한 남자의 역사가 산맥처럼
뻗어있다
곧 폭발할 분화구처럼 둥둥 가슴이 울린다
울컥하며 조아렸던 감정들이 북채처럼 일어선다

이제 쥐봐야 몇 번이나 주겠니,
자신의 모든 걸 셋으로 나누어 내게 꼭 쥐어주신 흰 봉투
그 소보루빵처럼 부푼 손등에는 사랑이 가득 담겨 있었다
야심한 밤 허기를 달래며 소보루빵을 먹는다
도톰한 소보루빵 속에 아버지 맛이 달다

매콤 살벌한 입술화장

입동 지나 동장군이 곧 들이밀 기세라네
겨우살이 난간에 엄니 생각이 먼저 원당시장을 나서는구나

캉캉옷 차려 입은 열두 포기 배추처자
간수 뺀 왕소금을 거침없이 투하해 볼까
노부의 손길로 고추 총각 분주하고 휘휘 저은
찹쌀풀로 속궁합 더 해내니 닫힌 빗장 열리누나
먼 길 엄니 솜씨 값없이 초대하니
속절없는 열두 생각 고향땅을 드나드네
씨앗 없이 생긴 것이 어디 있더냐
속사정 야무지게 보쌈해내면
기대 반 맛보기 입속으로 들이미니
아버지 손등 위엔 매운 단풍 물들었고
입술은 연거푸 매콤한 화장을 해댄다
생전에 보내시던 밑 반찬통엔
사막 같은 건기가 우기를 기다리고
샛바람 녀석은 삭신을 눕인다
열두 폭 층층이 옷단 들던 처자도
아삭히 흰 살 드러낸 백야의 무총각도
범람할 수 없는 사각지대에서 안식의 겨울잠을 청하누나

이제 오라 어서여 오라 삭풍 디밀고 들어올 동장군이라도
목성의 고리 닮은 근사한 쟁반 위로
초대 받은 김치 처자 제 몫을 다한다

김 무 늬

나의 레시피 외 4편

김 무 늬

어서 오세요
당신을 위한 요리입니다
먹는다는 것은 한낱 식욕만을 채우는 게 아닙니다
요리를 맛있게 먹는 방법은 시각 청각 후각으로 먼저 먹는 겁니다
당신의 식욕을 돋우기 위해서 짭짜름한 에피타이저를 준비했습니다
내 생의 붉고 떫은 와인 맛이 조금씩 숙성되어 갈 때
후레시하고 새콤달콤한 드래싱을 뿌린 샐러드는 당신을 상쾌하게 해드릴 겁니다
투명하지만 부드러운 맛의 청포묵과 매콤새콤한 참나물 겉절이 같은
내 언어의 방사는 당신의 식욕을 왕성하게 만들지요
원산지가 어디면 어때요
잘 데친 낙지같이 탱탱한 나의 볼살은 당신의 짓궂은 농담에 붉게 익어가는 데요
좀 심하다 싶으면 당신의 입맛을 한방에 톡, 쏘게 하는 매운맛으로 돌려주지요
당신의 입맛이 얼얼할 즈음에 심장까지 따뜻하게 데워줄
바삭하고 부드러운 전 요리를 드릴게요

뜨거운 나의 심장으로 구워낸 단호박전을 한 입 넣어드릴게요
먹어도 또 먹고 싶은 충동이 당신 입 안 가득 채워질 거예요
거기에다 새콤한 오이피클 같은 살인미소는 덤이에요
이젠 전라도 사투리 같이 걸쭉한 들깨죽으로 마음까지 데워드릴게요
음매 긍께 생긴 것은 서울 큰애긴디 말투는 전라도 색시랑께 하하
늘 정돈된 내 머리가 표고버섯 같지 않나요
하지만 속이 비어 있다고 생각하면 큰 오산이에요
완벽할 순 없지만 당신을 채울 수 있기를 바래요
뱃전에서 금방 낚여온 온 새우에요
두부의 고소함과 새우의 절묘한 맛이 어우러지는 나의 언어구사
정말 어디로 튈지 모르는 나의 모습이 새우 같지 않나요
그래도 당신의 인내심은 잘 자라는 콩나물 같군요
관능의 혀 같은 입담과 붉은 입술에 당신이 충분히 녹아들었으리라 믿어요
맛있게 드셨나요?

갱년기

주전자에 물을 받으려다
물통에서 나오는 물줄기가 어찌나 센지 누르는 압력을 줄여야 했다
한때는 작은 일을 볼 때 스스로가
그 물줄기 참으로 굵고 힘차다는 생각을 해본 적이 있다
맨 땅 위에서 볼일을 볼 때
지구의 표면을 뚫고 산맥 하나가 생길 것 같다는 생각을 해본 적이 있다
내가 쏟아낸 물줄기가 순식간에 주변을 채우고
어느 작은 섬을 가라앉힐 것만 같은 생각에 혼자 웃어본 적 있다
복사꽃 환하게 피었다 지기를 반복할 때마다
조금씩 두꺼워지는 나무의 나잇살
내 몸의 복사꽃이 피었다 지기를 반복할 때마다
내 얼굴에는 나이테가 는다
의사의 처방을 받고도 태연한 척 애써 웃어보지만
늘 맞춰놓는 알람시계가 나를 밀어내고 있다는 생각이 든다
서랍 속에 알약이 자꾸만 늘어난다는 사실에
과일나무의 수명을 생각한다
처방약을 가방 속에 넣으려다
가방 한 구석을 수줍게 차지하고 있는 생리대 하나를 발견했다

달거리를 건너 뛰어 두어 달 전부터 통하지 않는 마법
인공심장을 매달아놓은 듯 불안하다.

북아프리카를 움직이는 손

딸아이 책을 구입하던 날 선물로 받은 지구본,
조립하지 않은 지구본은 영락없는 공이다
공이란 추락하는 순간 반동에 의해 튕겨지는 습성이 있다
순식간이었다,
아이가 땅으로 내려쳐지자 지구본의 반쪽이 폭격 맞은 듯 아프리카 하나가 사라져버렸다

뉴스속보가 텔레비전 화면을 채운다
언제나 냉정을 잃지 않던 아나운서의 목소리가 다급하다
화면에는 뉴스속보가 연달아 뜨고 지기를 반복한다
북아프리카가 사라졌다는 보도와 함께
사하라 사막의 실종으로 인해 경제적 손실에 대한 안타까움에 경악을 금치 못한다
석유의 원천지라는 사하라사막의 실종은 백악관도 유감을 표한다
지중해에 어둠이 내리다, 라는 문구와 함께 침통한 사람들의 모습만이 화면을 채운다
거리에는 사람들의 발길이 뜸해지고 가끔 뉴스속보를 알리던 텔레비전은 속도를 멈춘다
불야성을 이루던 밤의 세계도 이내 암흑으로 변한다

조각 난 아프리카 대륙을 찾아 붙인다 퍼즐 맞추듯 조심스럽게 붙여 나가지만 이미 금이 가 있는 대륙은 어찌할 방법이 없다 지구본의 형태가 어느 정도 복원되자 어두웠던 세상이 조금씩 빛을 내기 시작했다 텔레비전에선 예전처럼 정상적으로 방송을 송출고 있다 거리도 예전처럼 활기를 띈다

딸아이와 나는 안도의 숨소리를 내쉬며 지구본을 돌리며 세계를 만진다
가뭄에 실금이 만져지는 북아프리카가 웃고 있다

가재손

그만 천정에서 내려오세요 아버지
당신의 날개옷에 구멍이 났어요
한 때는 세상을 날고 싶다며 내게 아기처럼 칭얼댔었죠
그날 당신이 튀겨낸 뻥튀기가 아직도 저곳에 더덕더덕 붙어있어요
언제 저놈의 박쥐는 내 눈을 뽑아갔대요
세상이 깜깜해요
나는 언제나 꿈을 꾸죠
윤회는 믿지 않지만 있다면 당신이 꼭 내 아들로 태어나기를 기도했어요
지금부터 난 오동나무를 심을 거예요
그리고 당신을 매일매일 때릴 거예요
변기 속에다 처박아 숨도 못 쉬게 할 거예요
당신의 숨통이 조여 오면 난 당신을 위한 꽃상여를 준비하겠어요
내 통장에 저장된 당신의 팔 할을 꽃상여에 태우고 당신의 무덤으로 가져가 뿌려 줄 거예요.
이젠 구멍 난 날개옷을 기워줄게요
한 번도 쥐어보지 못한 당신의 손가락을 구부려줄게요

평생을 손가락질하며 세상과 싸웠지만 내 아들로 태어 난 이상 어쩌겠어요

내가 구부려준 손가락 대신 당신의 손을 내밀어요

더 이상은 가재손이 아닌 당신의 다섯 손가락을 펴서 내게 내밀어요, 아버지

빵을 굽다

어쩌면 전생에 나는
헨델과 그레텔이었는지 몰라요
제빵사에게 키워진 나는 제빵기술을 모두 배웠지만
또다시 제빵기술을 전수해야만 해요
이스트를 첨가한 반죽처럼 내 몸이 점점 부풀어 올라요
한 달에 한번 마법에 걸려 빵빵해져요
부푸는 일이 즐거움만이 아니란 걸 알았을 때
갑자기 빵에게 미안해졌어요
내 몸이 욱씬거리며 아파와요
부풀어진 반죽에 진정제 한 알 살짝 넣어두면
부풀어졌던 가슴이 조금씩 숙성될까요?
나는 마녀한테 납치되었나 봐요
착한 제빵사가 억울하게 화형당하고 있어요
빵을 굽는다는 건요
한 생을 만들어 내고 키워내는 일이에요
하루해가 머리를 조아리며
부풀었던 빵의 이름이 지고 있어요.

김 상 호

침묵의 시간 외 4편

김 상 호

아름다운 꽃이 피고 별들이 노래하는 시간은 침묵이고
바람이 불고 파동의 흔들림은 슬픈 시간
별도 없는 어두운 밤에 끝없는 추락이다
말에 혀가 찔리고 가슴이 덫에 걸리면 그리움의 영상은 무덤을 판다
더 이상 노래가 아니다
더 이상 시가 아니다

침묵은 쓸쓸한 가을나그네에서 오고
앙상한 나뭇가지에 걸린 겨울눈에서도 오고
갯바위에 부딪치는 파도소리에서도 오고
강변 조약돌에서 온다
추운 겨울 켜켜이 쌓아 두었던 사연에서도 오고
푸른 하늘에서도, 저 깊은 땅속에서도 온다
해서 외롭고 쓸쓸하지 않다
침묵은 혼자가 아니다
네가 내 옆에 없어도
너는 내가 되어 늘 내 속에 살고 있으니 말이다

침묵은 무게가 없는 시간

태산을 놓아도 태평양을 부어도
북극의 빙하를 담아도 시리지 않고 가볍다
침묵에서 잘린 혀의 언어는 바르고
토막 난 그림도 아름답다
아름다운 사랑의 대화가 있고
곧은길로 가는 의지의 올바른 소통이다

침묵을 떠난 말이 허상이고 기만이라면
이제는 말하기를 거부하리라 아니
마음의 혁명으로 침묵을 거부하리라

교향곡(Symphony) · 2

1.
별 밭의 오리온 좌를 건너 문(moon)속에 들면
아르테미스의 눈물, 백조의 호수가 울고
그리움이 넘친 슬픈 강이 흐른다

아! 사랑이 무엇인가
그리움이 넘치는 슬픈 강에
사랑의 돛단배 띄워
임 그리운 곳으로 가리라

2.
바람이 숲속에 들면
꽃의 향연이 일고
파란 햇살이 동산에 들면
홍조 띤 새벽의 걸음걸이 가볍다

숲속의 하늘은 맑고 고우나
때로 아픈 사랑의 눈물 흘리고
구름 저어가는 소리 애달파 목 놓아 운다

3.

태양이 지쳐 어둠에 밀리면
그림자 가슴에 드리우고
별이 빛나는 밤에
사랑의 세레나데를 부른다

지친 피로가 강물처럼 흘러도
임 그리운 곳에 머물면
태양처럼 빛나
저 희망의 언덕을 넘는다

4.

소리는 우주의 영혼으로 온다
슬픔도 기쁨도 분노도 파동으로 온다
태양은 빛나건만 달빛 강은 흐르고
꽃향기 그리워 나비도 춤춘다

나라의 전쟁은 승리해도 사랑의 배반에 눈물 흘리고
서러운 이 밤을 잠 못 이루어
그대를 위한 아리아를 부른다
희미한 불빛 속에 모두가 영혼을 켜고 있다

강릉, 초당(草堂)에서 · 2

해무가 천지를 덮고 비가 내리는 날은 슬프다
붙들고 통곡해야 할 사람이 오는 날
저녁달도 구름에 숨고 아침햇살도 눈 감은 채
그 동안 서러웠던 눈물, 참았던 눈물을 쏟아낸다

초원의 집에 맑은 향이 넘치고
그처럼 영특한 영재가 탄생하니
세상의 밝음이 올세라 기대 했건만
그 꽃, 그 향 피지도 못하고 잠들었으니
그 애환 얼마였는가

하늘아 울어라! 서러움일랑 모두 쏟아 내거라!
비야 더 퍼부어라! 해무야 더 천지를 덮어라!

고향의 별, 오성(五星)이 강릉하늘에 뜨면
밤인들 어둡겠는가
초목인들 서럽겠는가
바다인들 외롭겠는가
후예인들 부끄럽겠는가

하늘의 통곡 속에 한 줄금 빛을 보니
425년 만에 찾아간 외가[2]의 온정이
가슴에 따뜻하게 온다

2) 2014년 9월 30일 허난설헌 14대 후손으로 강릉 소재 난설헌 생가를 방문하고.

아리랑 판타지(fantasy) · 2

실 같은 플루트 소리가 어둠을 가르면
바이올린 환율은 낮게 흐르고
트럼펫이 힘차게 기상하면
북소리는 격동의 새벽을 연다

푸른빛의 여인이 조용히 걸어온다
바이올린 환상에 몸은 율동하고
트럼펫의 기상에 가슴을 열면
힘찬 북소리는 전진 명령한다

모두는 깨어라!
모두는 앞으로 가라!

천지를 진동하는 합창소리
–아리랑 아리랑 아라리요
–아리랑 고개를 넘어간다[3)]
반도를 넘어 저 희망의 대륙이 진동한다

어두움을 뚫고 여명이 오면 태양이 뜬다

---

3) 글 중 일부는 아리랑에서 차운하다

배가 항구를 떠나고 은빛 날개가 하늘을 난다
저 밝은 환상의 세계가 오고 있다
저 우리의 미래가 오고 있다

코리언 판타지(fantasy)

환상, 새로운 세계를 여는 꿈
이성만이 아닌 자유로운 상상이
시간과 물질의 사고를 넘어 초월적 위치에서 우주를 유영하며
잠재의식을 현실로 만들어가는 것
반도를 넘어 신대륙을 향해가는 열정으로
힘찬 결의와 의지를 다지는 맹서이다

조용한 아침에 동해가 밝아 오면
하늘은 붉게 물들고 산천은 잠에서 깨어 역동하는 역사를 이룬다
역사는 인류의 문명을 수반하고
인류의 문명은 인간의 의식에서 진화한다
의식은 민족의 혼이고 정신이다
나라는 민족이 숨 쉬는 곳
민족의 정기와 문화가 꽃피는 곳

백두산과 한라산은 우리의 영토
오천년 역사를 이룩한 우리 민족의 기상이다
그처럼 수난을 겪었어도 나의 조국
비록 슬픈 역사로 점철되었어도

대한사람 대한으로 길이 보존해야 하리

한빛의 고은 물결 바람에 들어
이 나라 한아버님은 단군이시니
잘 받아 빛내오리다. 맹세하노니
—무궁화 삼천리 화려강산
—대한사람 대한으로 길이 보존하세

대한민국 만세!, 대한민국 만세!, 대한민국 만세!

저 우렁찬 민족의 함성이 천지를 진동하고
힘찬 환상의 팡파레가 가슴에서 용트림하니
모두는 앞으로 나아가자
저 대륙을 향해서
저 우주를 향해서
민족의 정기를 모으고
다 같이 앞으로 나아가자

—동해물과 백두산이 마루고 달토록
—하느님이 보호하사 우리나라 만세

–대한사람 대한으로 길이 보존하세"[4)]

대한민국의 환상에
미래의 세계가 현실로 오고 있다
저 바다를 넘어 신대륙이 오고 있다
저 태양은 낮은 곳을 비추어 밝은 세상을 만들리라

---

4) 애국가와 개천절 노래에서 일부 차운하다

김 석 중

노송(老松)의 뿌리 외 4편

김 석 중

오랜 세월의 풍상 속에서
장막 위로 드러나고야 만 그의 허연 정강이뼈를 본다
덧난 힘줄에 돌기가 돋아있다
산을 올라갔다 내려왔는지 숨결이 거칠다
모진 비바람에 찢기고 밟히고 패이어도 설움을 삭이고 있다

작열하는 팔월의 더위 속에서 바위 틈새로 흐르는
단 한 모금의 생명수를 머금고서라도
단 한줄기의 빛을 품에 안고서라도
너는 달음질치며 치며 가야만 했구나
용솟음하며 넘쳐흐르는 진흙탕물을
토악질을 해대면서까지 너는 살아야만했구나
지금 너의 가슴에는 갈라진 거북등 훈장의
영광스런 갑옷 위에 푸르른 아기생명들이
하늘 향해 만세를 부르고 있구나
오늘도 너는 인고의 긴 세월을
변함없이 그 자리를 지키며
끈적끈적한 삶을 안고 휘달리며 가고 있구나

그는 강을 따라 내려갔다가 되돌아와
산으로 따라 올라갔다가 되내려와
하얀 눈물을 흘리며 속으로 아픔을 삼키고
푸르름을 향해 길을 걷고 있었다

어린 스승

– 손자에게

나는 너의
태어남으로 다시 소중함을 느끼고
웃음으로 다시 행복함을 느끼고
울음으로 다시 아픔을 느끼고
말 배움으로 다시 가르침을 느끼고
움직임으로 다시 건강함을 느낀다

나는 너를
사랑하는 마음으로 다시 사랑을 배우고
그리워하는 마음으로 다시 기다림을 배우고
먼저라는 마음으로 다시 배려심을 배우고
씻기는 마음으로 다시 회개심을 배우고
바라보는 마음으로 다시 순진함을 배운다

나는 오늘도 너를 보며
다시 느끼고 다시 배운다
십칠 개월 된 너는 내 인생의 영원한 스승이다

한 잔 술

그녀와의 날카로운 첫 키스는 짜릿했네
결국 나는 그녀의 포로가 되고 말았네
기다란 모가지 동그란 입술 아담한 그녀
오늘도 그녀는 초록색 치마를 입고
은은히 비치는 속살의 자태로 나를 유혹하네
봄날 실개천을 흐르는 소리로 입맞춤은 시작되네
벽면에 흩어진 어지러운 그림들은 제각기 예술을 꿈꾸네
주인공들은 다들 어디가고 아무도 없네
홀로 허공을 친구삼아 중얼거리네
야 인생 뭐 있어
개뿔 니들이 그렇게들 잘났어
폐부 깊숙이 외로움이 파도를 타네
그녀에게 마지막 키스를 보내네
비틀거리는 영혼을 곧추세우고 발길을 옮기네
서로 안 지 십 수 년
이제는 이별을 告할때도 되었건만
목마른 영혼은 여전히 그녀를 찾아헤매네
그놈의 정은 서로를 떼어놓지 못하네

철조비로자나불좌상

그가 천 년을 웃으며
새벽어둠 사이로 불공을 드리고 있다
거칠고 힘든 삶을 살아가는 민초들
그의 굵은 힘줄에 살아 숨쉰다

그가 한낮의 햇살 사이로
천 년의 가사를 입고 있다
민초들의 상처난 육신으로 도도히 흐르는 삶
옷주름을 펼쳐 보듬는다

그가 저녁의 해넘이 사이로
천 년의 세월을 손짓한다
민초들의 미혹한 영혼에 고요히 참선하며
세상 모든 것은 내 마음 안에 있다며

아제 아제 바라아제
손갖춤으로 불공을 드리고 있다

여행

그녀가 집시의 여인으로 바람과 같이 내게 왔다
진달래꽃의 화사함과 비키니의 정열을 저만치 뒤로 한 채
그녀는 아주 오래 전 내 인생의 동반자임을 예고했다
우리는 서로를 한 몸같이 잘 알고 있었다
내가 이 세상에 잉태된 그 날부터
그녀는 가을비로 가슴앓이 심한 나의 체열을 낮추고
어느 산장의 카페로 나를 이끌었다.
분수의 연꽃과 음악은 낭만을 더하고
우리는 밤의 적막을 친구삼아
꽃이 새가 되고 다람쥐가 사람되는 정담을 이어갔다

서로의 어깨를 감싸 안으며 나눈 따스하고도 긴 이별의 입맞춤
어둠이 아직 사라지지 않은 새벽녘처럼 떠나가는 그녀의 뒷모습은 애잔하다
그녀는 어딘가에 다시 겨울 여인의 자태를 가꾸고 있으리라
그리고 훗날 문득 내 마음의 문을 두드릴 것이다.
나는 오늘도 기다림과 설레임으로 그녀를 맞을 준비를 한다

김 선 영

문(門) 외 4편

김 선 영

세상의 문을 열고 이름 하나를 심었다
귀한 한 생명으로 유년의 문을 지나
철없이 어정쩡하게 보낸 학업의문도 지났다
꿈 많던 초록언덕의 문도 지났다
사람은 태어나서부터 수많은 문을 지나지만
그는 항상 세 번의 문을 생각한다
부모로부터 태어나 흰 포에 싸였고
배필을 만나 순백의 흰 드레스를 입었고
다시 흰 포에 싸여 돌아올 수 없는 문으로 간다

이젠 젊은 날도 그렇게 문 밖으로 빠져나가고
낡은 그림을 잊지 못하는 그가 용기 내어 문 앞에 서 있다
헤아릴 수 없는 수많은 문을 지나 숨고르기를 하는 그
이제 그는 많은 고민과 목마른 갈망으로 시문 언저리에서
그가 잡은 문이 활짝 열리기를 소망하며
시 고리를 잡고 문을 두드려본다

슬며시 꺼낸 은수저 하나를 윤나게 닦아본다

참회

청량산이 하도 좋다고 하여 남해를 찾아갔다
수려한 운치의 기암괴석의 사이
소나무 몇 그루 만고의 세월을 견디고도 당당하다
푸른 바다 위에 점점이 나열되어 있는 크고 작은 섬들
한 눈에 들어온다
신라 신문왕 8년 의상대사가 창건했다는 문수암에 들렀다
화랑들이 몸과 마음을 수련하던 곳 무의산(無義山)
발원도 공덕도 가꾸어야 하겠지만
무엇보다 아무런 조건 없이 참회로써 감사의 마음을 가져본다
영원한 것은 아무 것도 없다
감각 대상도 변하고
그것을 인식하는 사람도 변하고
마음공간에 저장된 이미지도 변하고
모든 것은 변한다
가을 햇살도 시나브로 변하고 있고
어제의 나도 변하고 있다
점 하나 찍힌 보잘 것 없는 내 모습 눈물만 흐른다

명품

어릴 적 친구가 만나자더니
예쁘게 포장한 자그마한 선물을 내민다
그렇게 감성이 풍부하더니
시인이 되었다며 좋아한다
평생 안아보지 못한 요염한 그녀
마주한 그녀에게 들뜨는 이 기분
고마운 마음에 바로 시 한 수를 써본다
무엇을 쓸까
첫 글의 제목은 '명품 만년필'이다
만년필로 시를 친구에게 선물하며 생각한다
만년필이 명품이라도
시가 명품이 아니라면
명품시인이 될 수 없겠지

명품 커피 한 잔을 앞에 놓고
인생을 함께 가는 명품 친구가 좋다

단무지

단무지 없는 김밥은 앙꼬 없는 찐빵
세상 무엇과 어울려야
비로소 맛을 내는 너처럼
나도 가끔 너처럼 단순하게 살고 싶다
단풍 고운 가을날
좋은 사람들과 뒹굴며
너처럼 노오란 그리움으로
가슴을 새콤하게 물들이고 싶다
짭짤하고 달콤한
그런 사랑을 해보고 싶다

흥

오늘도 떨어지지 않는 그와 함께 앉아있다
어떤 얘기를 나누어봐도 덩실덩실 더덩실이다
술을 권해 봐도 흥
코를 풀어 봐도 흥
돈을 조금 줘 봐도, 아이고 고까짓 것 흥,
천안 삼거리 흥, 능수야 버들은 흥
그렇게 어깨춤 추며 살고 싶다고 한다
어지러운 세상살이 조금이나마 힘이 되고 싶다며
자기를 조건 없이 분양해준다
어떤 이에게는 새털같이 가볍게 흔들 수 있는 몸을
또 어떤 이에게는 꾀꼬리 같은 목소리를
그리고 어떤 이에게는 아름답게 살아가는 법을
삶에 힘들어하는 이들에게도 용기와 사랑을
그는 어느새 육자배기 한 소절 널어놓고 있다
언제나 덩실덩실 더덩실 신명나는 춤을 춘다
모두 어디를 가나 그와 함께 하고 싶겠지
한 줌 흙이 될 때까지
그가 나와 함께 했으면

김 수 영

공구들의 노래 외 4편

김 수 영

제각기 낮잠을 자고 나더니
서로들 자기들이 잘났다며 잔치를 벌인다

망치는 두드리며 입맞춤을 하고
톱은 서로 갈라놓은 이웃을 만들고
페인트 붓은 더러운 옷을 세탁을 해주며
드라이버는 즐거운 음악연주를 한다
칼은 하루를 밑받침하며 춤을 춘다
스패너는 그렇게 먹고도 또 입을 벌린다

공구는 어쩌면 보이지 않는 공기 같고
때로는 바람이고 때로는 구름이어서
보이지 않아도 제 할 일을 하고 있다
공구들이여 노래를 부르리
하나 둘 그리고 한 잎 두 잎
음표를 그리는 공구들의 노래
이렇게 가을비 내리는 밤엔
공구들의 노랫소리가 더욱 깊어간다

좋은 씨앗 뿌리기

근래에는 과일가게에서 일을 한다
언청이처럼 패이고 상처난 과일을 닦아주다 보면
말이 씨가 된다고 하시며 늘 긍정적인 말을 강조하신
어머니가 떠오른다
이 사과가 팔려가 사랑을 전하는데 쓰였으면 좋겠다
이 배가 팔려가 기침하는 아이에게 약이 되었으면 좋겠다
이 밤이 팔려간 집이 밤나무 숲속처럼 평화로웠으면 좋겠다
이 수박이 팔려가 바닷속 같은 마음의 상처를 시원하게 해줬으면 좋겠다

나, 그랬으면 좋겠다
이 과일의 씨앗처럼 성장하고 싶다
돌짝밭이 아닌 밀알의 시어로 살아가고 싶다
나 좋은 말의 씨앗을 뿌려보고 싶다

말이 씨가 된다잖아 히힛

시의 출산을 앞두고

내 나이를 끌고 온 여독에게 묻는다
시란 어쩌면 여독의 낭독이 아닐까

만약에 말이지
만약에 내 시의 인상착의를 기억해주는 어떤 이가 있다면
그대는 내 시의 결재권자일거야
그러면 나 그대 안으로 천천히 걸어 들어가
나를 샅샅이 전개하겠네 낱낱이 일러바치겠네
쓴다는 것은 어쩌면 우기는 것이기도 하여서
난처하고 민망할 때가 있네
이를테면 드러누운 채 잔머리 굴려
함부로 떠나보낸 시 같은 것들이라고나 할까
그 허물들을 소환하고 싶을 때가 있네
글맛을 다시게 하는 가을 풍경들
그러나 그 갸륵한 풍경의 속살을 들여다보는
내 글재주는 한마디로 눈 뜬 장님일세
그러므로 간신히 간단히 간지럽게 쓰네
덜 달고 적당히 쓴, 담백한 언어들로
약발 좋은 시를 달이고 싶네
시는 쓰는 게 아니라 달여야 한다는 걸

왜 진즉에 알지 못했을까
조미료로 맛을 낸 싸구려 시들과
항생제로 시를 유통하는 출판권력이
이 가을의 품위를 갉아먹고 있네

나는 그저 두리번거릴 뿐이고

가을 세입자

비록 고장 난 마음이지만 늠름하기로 한다
우울이라는 마음의 세입자에게
주인 노릇을 맡겨버리면 안 된다
가을은 이율배반적인 마음의 세입자다
나날이 휜칠해져가는 가을의 공중처럼
텅, 비우기로 한다
나날이 선명해지는 가을의 화질로
내 마음을 씻는다
가을을 제작하고 방영하는 자연의 노고에
나는 큰 빚을 지고 있다
묻지도 않았는데
세입자는 자꾸 자기 이름이 가을임을 증명하려 한다
푸른 하늘, 물드는 단풍,
그가 마음을 공허하게 만드는 건
계절을 잴 수 있는 마음의 자를 잃어버렸기 때문
그가 기다랗게 누운 뼈대에 부딪히며
깊어가는 마음을 재고 있다

갈치를 낚다

부푼 꿈 안고 여수행 기차에 올랐다
도착한 곳은 작은 부둣가
지인 몇이서 낚싯배에 올랐다
꿈에서만 생각하다 눈으로 보고 짐짓 놀라면서
이런 저런 생각에 잠겨본다
긴 싸움의 결투 끝에 은빛 갈치가 걸려 올라온다
갈치는 하얀 칼날을 세워 물을 자르지만
잘라진 물은 하얀 피를 흘리며 되붙었다
잡은 갈치를 회 떠 맛을 음미한다
바다 속을 수천만 번 가른 칼은 쫄깃하였다
나는 무엇을 벼르며 칼을 갈고 있는가
무딘 시의 칼로 베일 폭력은 있기나 한가
나의 시는 언제나 쫄깃해질 것인가
오늘밤도 쪽배에 앉아
시 한 수 낚고 있다

김 태 연

왕가네 집 외 4편

김 태 연

어둑어둑 땅거미 내려앉을 무렵
대추나무 기둥삼은 왕가네 집에 난리가 났다
비행연습 마치고 하루를 뉘일 곳 찾던 잠자리가
철통같은 왕가네 집 덫에 걸려들었다
애걸복걸 살려달라고 두 손 싹싹 비벼보지만
집 모퉁이에 잠복한 음흉한 왕가 죽은 듯 잠잠하다
뒤늦게 초가지붕 맴돌며 게으름 떨던 쓰르라미도
얼기설기 쳐놓은 왕가네 그물에 걸려들었다
힘겨운 날갯짓에도 탈출할 기미는 보이지 않고
점점 옥죄여드는 공포로 긴 밤 지새운다
또 한 쪽 귀퉁이엔 잠자리 노리던 사마귀가
긴 날개를 퍼덕이며 몸부림 중이다
똥파리 노리던 왕눈이 청개구리도 끈끈이가 무색하게
다리 한 짝 그물에 걸친 채 거꾸로 매달려있다
왕 대박, 왕가네 경사났네
에그머니, 왕족들 줄줄이 왕가네 그물에 걸려든 걸 보면
전생에 원수 집안이었던 게야
왕잠자리면 어쩌고 왕눈이면 무얼하나
제아무리 튀어나온 눈동자 굴려봤자
왕가 앞엔 오금 못 펴는 졸개들에 불과한 걸

별난 명의

출생부터 남다른 특이체질인 그가
나뭇가지에 매달려 밤낮없이 철봉만 하고 있다
취미도 유별나서 늘상 물구나무서기를 즐겨하며
지면을 향해 밤낮으로 키를 늘려가는 고집쟁이다
머리 벗겨질 불볕더위나 만물이 잠든 고요한 밤에도
그는 오직 연구에만 몰두하는 별난 사람이다
사람들은 호기심 반 걱정 반으로 관심을 기울여보지만
눈길 한 번 주지 않는다
끊임없는 연구를 거듭한 그가
감기는 물론 비염 천식이나 항암까지 치유한다는 소문이 자자하다
요즘 의술이 하늘을 찌른다고 말들 하지만
그의 의술을 능가할 수야 있겠는가 싶다
거꾸로 자라든 바로 자라든 우린 이제 그를 주치의로 받아들이고
수세미박사의 탁월한 치유법에 동참해보자

검정고무신

산사 뒤뜰에 가지런히 놓인 검정고무신
무명실로 듬성듬성 꿰맨 세월의 흔적이 역력하다
아직 길들지 않은 채 마루에 올라앉은 하얀 고무신
아담하고 작은 사이즈로 주인이 여승이라는 걸 말해준다

울렁울렁 처녀가슴 울렁대는 울릉도 호박엿이라며
저만치 누더기 입은 엿장수가 가위 장단을 치며 다가온다
고무신이나 찌그러진 냄비 놋수저를 가져오라며 동네를 휘젓는다
어떤 아이가 멀쩡한 신발을 들고 헐레벌떡 달려온다
하늘을 찌르는 엿장수의 호통에 놀란 아이가 찔끔거린다
나는 들밥내갈 때 졸랑졸랑 따라다니던 노란 양은주전자를 엿 바꾸었다
그리 많은 양이 아니기에 동생들과 나눠먹기엔 한참 부족했다
아쉬움 뒤로 인정 많은 할머니를 떠올려보지만
바람 쐰다며 직조공장 운영한다는 친정엘 가신 뒤다
옷감이 귀하던 시절 인조와 소청을 대여섯 필 힘겹게 이고
근동에선 제일 험하다는 차돌고개를 넘어 오신 할머니셨다

잠시 햇볕이 스쳐가는 뒤뜰 검정고무신 옆

흰 고무신이 깨끗이 닦인 채 예쁜 코를 쳐들고 있다
잠시나마 할머니와 상봉할 수 있음에 감사한다
검정고무신은 그렇게 잊혀져가던 추억을 불러들인다

그는 행위예술가

초록마을 꿈꾸던 이른 봄
방음벽을 무대로 대형벽화를 그리기 시작했죠
철이른 꽃바람 간간히 행패 부리고
국경 넘나드는 황사먼지 덮어씌워도 꿋꿋이 견뎠죠
찌는 더위엔 시원한 바다랑 등대 세워주고
자동차 없는 오지엔 빨간 우체통을 옮겨놓았죠
그 옆으론 쌩쌩 달리는 빨간 오토바이 집배원 보내고
허물어진 담벼락엔 탐색로봇으로 희망을 심어주었죠

그간 계절이 바뀐 줄 모르고
밤낮 가리지 않고 벽화 그리기만 고집했죠
요즘엔 달갑지 않은 입동 방문으로 가슴 꼭 여미고
벽화 그리던 손 시릴라치면 담벼락에 바짝 달라붙기도 하죠
때로는 색동옷 갈아입은 동료가 부럽다고
붉은 물감 풀어 멋 내기를 할 때도 있죠
근래 서리란 녀석 심심치 않게 들락거리고
동장군 돌아올 날 머지않았다는 소식이 날아왔죠

다음 주 토요일엔 회장 이취임식과 10주년 기념행사 겹치고
그 다음 주 토요일엔 설레는 종강여행을 떠나기로 했죠

변덕스러운 늦가을 날씨에 옷깃 단단히 여미고
행복한 추억여행 만들어갈 꿈으로 마음 설레죠

바이러스 보균자

쌀쌀한 정초에 호출이 왔죠
바람막이만 걸치고 준비 없이 찾아갔죠
딱 열 명의 수강생만 이끌고 출발하겠다는 웃음 클럽이었죠
욕심 없는 강사의 신선한 인사말이 마음을 사로잡았죠
모두가 웃을 수 있는 행복한 세상을 열어간다죠
그로부터 회를 거듭하니 계절이 바뀌고 내모습도 바뀌었죠
웃음바이러스가 전염된 듯 맥없이 실실거렸죠

매월 셋째 주 화요일은 산행하는 날이죠
가을비 속 버거운 설악산 등정 팀에 겁 없이 합류했죠
세찬 빗줄기에 바지는 물론이고 운동화까지 흠뻑 젖었죠
그리곤 오들오들 떨던 몸을 어묵 한사발로 달랬죠
다음산행 답사 차 괴산엘 가면서도 웃음폭탄을 터트렸죠
승용차가 들썩들썩했죠
꿈틀거리는 해물전과 텁텁한 막걸리 한 사발로 흥겨웠죠

고래고래 산막이 옛길을 올랐죠
고래고래 마을이 떠나갔죠
고래고래 우리는 웃음바이러스 보균자였죠
고래고래 윤경옥 샘 명강사라고 소리질렀죠
고래고래 시 창작 수업에 동참했다고 소리질렀죠

김 태 호

맨발로 오시다 외 4편

김 태 호

그녀는 뒤울안 사립문 밀고 생솔가지 군불 지피면서
치맛자락 태워먹고 눈물 쏟던 정주간에 들어간다
시아버지 제삿날이다

가을비 추적추적 적시는 논둑길
논뙈기 한 뼘 없는 시아버지가 여태껏 한 켤레만
애지중지 아끼는 뒤축 닳은 검정구두 속에
양말을 벗어들고 맨발로 오신다

아버님 구두는 왜 벗으셨어요 발 아프게요
신발이 젖을까봐 벗었다
양말이라도 신고 오시지 않구요
양말이 해지면 어멈 손가락이 바늘에 찔리지 않니
발을 다치시면 어쩌시려구요
괜찮다 늘 자갈길만 달리는 는데 논두렁쯤이야

시아버지는 여러 밤낮 교자상을 아랫목에 펴고 남포등 밑에서
철둑길을 거미줄 치듯 엮어 토목회사에 건네고 오는 참이다

아가 오늘은 밖에 나가지 마라 날아갈라 바람이 세구나
수수깡처럼 말라 가지구 쯧쯧
치마끈 졸라맨 며느리가 안쓰럽다

그녀는 황토 부뚜막에 등잔불 돋우고 구두를 호호 불어 닦는다
눈물방울이 번진다 구두코가 반짝인다

산 높이재기

백두산 눈높이는 세 얼굴이다
인천앞바다 표준높이는 2,744m이고
원산앞바다 높이는 6m 펄쩍뛰고
천진앞바다 높이는 5.2m 까치발 뛰고
어서 내 땅을 찾아 통일이 되어야겠다

오순도순 이어지는 산줄기
흰 구름 머문 백운대 높이는 836m이고
인수봉 아우는 형보다 32m 작고
소귀골 속고개 넘어 다섯밤톨 오봉은 인수봉보다 144m작고
깊은 여성봉은 오봉보다 156m깊고
자태고운 자운봉은 여성봉보다 235.5m높고
봉우리 가운데 웃어른 만장봉은 자운봉보다 21.5m낮고
물벼락 맞은 수락산은 자운봉보다 80m낮고
부처바위 불암산은 수락산보다 128.3m 낮은 509.7m이다

높낮이는 달라도 이어진 마음은
한줄기 핏줄이다

탐색 중

갈림길에서 망설이는 이
열쇠 쥐고 주머니 뒤지는 이
연필잡고 볼펜 찾는 이
돋보기 끼고 안경 찾는 이
뭘 집에 두고 나왔다 되돌아가는 이
업은 아기 삼년 찾는 이
카톡카톡 톡톡튀다 목적지 지나치는 이
먹은 나이 깜빡깜빡 까먹는 이
밥 세 그릇 비우고 배고픈 이
남의 떡이 커 보이는 이
굴러온 호박넝쿨 걷어 차는 이
눈물 짜며 우는 이유 모르는 이
아옹다옹 사는 까닭 알 수 없는 이
걱정 마세요
건망증도 치매는 더욱 아닙니다
지극히 정상입니다
다만 새로운 길을 찾는 중입니다

춤추는 포스터

바람 거센 날
풍물거리 만물가게 아웃도어 앞에서
그녀는 파고드는 바람기 막으라고
제법 두툼한 바람막이 사이즈를 뒤진다
100사이즈 골라
이 색상 스타일 당신 맞춤이네요 단단히 무장하세요
그녀는 지폐를 꺼내 값을 치르는데
너풀너풀 옷소매 잡아끄는 손길이 있어 나는 고개를 돌려본다

낯익은 노랑머리 미녀가 치맛자락 들썩이며 웃고 있다
한때는 안고 싶어 밤잠 설치던 절색이지만
눈치도 없이 그녀 주먹 앞에서 날 세운 손톱 끝에서
잠잠한 바람기 부추겨 어쩌자는 걸까
무엇해요 안 입고
그녀가 건네주는 바람막이 멋지게 걸치고
눈치를 살피며 폼 어떠냐고 살짝 물었다
노랑머리는 대답 없이 여전히 웃고만 있다
여보 힘 있으면 그년을 꼭 껴안아보세요
용서할 게요
하지만 마음만은 안 돼요

질투가 불꽃 튄다
그녀는 그녀의 시샘에도 눈썹하나 까닥 않고
바람막이 품속을 헤집는다

쌍봉우리 떠받힌 24인치 철기둥에서
바람둥이 가게주인 손때 묻은
마릴린 먼로 치마폭이 뒤집힌다

폭포

수도꼭지가 폭포를 쏟아낸다
계량기 바늘이 어지럽다 난파선 싱크대 주걱은
파산하여 뱃전을 핥는다
조난당한 밥알과 허드레 땀방울은 수채구멍 휘젓고
기막힌 하수구는 체한지 오래다

119에 긴급구조 타전하지만 침몰한 안테나는 발신불능 수신불능
와디[5]바닥 혀 박고 타는 낙타 목
물 한 방울 땀 한 방울 땀 한 방울 피 한 방울

범람하는 개숫물은 화장실 귀퉁이
플라스틱 함지에 퍼 담아 저수지 만들었다
천수답 거북등 논배미 골고루 물고를 트게
한 바가지 비구름 퍼부어
룹알할리[6] 와디에 물길을 텄다

---

5) 와디(wadi) 건조지역에서 평소에는 마른 골짜기이다가 큰 비가내리면 홍수가 되어 물이 흐르는 강, 지하수가 솟아 물을 얻기 쉽고, 다니기가 편리하여 통행로로도 이용이 된다.

6) 룹알할리 (Rub'al khali) 아라비아반도에 있는 사막(출처: NAVER 지식 in)

김 현 희

살아가는 나이테 외 4편

김 현 희

너라는 등고선을 읽는다
어느 해 너는 연둣빛 신발을 신고 숲을 나왔다
오만분의 일 지도가 아니어도 해당화핀 지점부터 계곡선을 그렸다
달이 이우는 숲에 겨울바람의 발자국은 비틀거렸다
지표등고선만으로 길을 이어 갈 수가 없었다
주곡선을 그리다 어떤 해에는 일 년 내 산 중턱에서 계곡 물소리만 들었다
걸음을 옮기면서 때론 간곡선을 살피며 보조 등고선의 중요함을 알게 된다
살아간다는 일은 저 선을 멈출 수 없는 일이다
체관을 통해 양분을 이동시키며 물관을 통해 뿌리로
흡수된 물과 양분이 이동하며 너는 살아간다
계산이 어려운 저하 등고선이라도 물으며 물어 보며 길을 이어 가야한다
은비늘이 번뜩이는 아침 안개는 강물 위로 물고기를 비행시킨다
너는 나처럼 죽지 않는 한 연장선을 그려야한다
기쁨의 계절이 열대처럼 찾아와도 들뜨지 않고 설움의 산들이 막아서도 기어이 넘어야 한다

바람이 무시로 생을 드나들어 싸늘한 날에는 간격이 높은 급경사다

다시 등고선은 넓어지고 완경사가 나타나길 기다린다

남치마 같은 하늘에서 적당히 태양이 비추면 고도는 점점 낮아진다

보드랍고 얇은 보자기 같은 바다가 펼쳐지고 수평선에선 미풍이 불어온다

우리들의 계절에 사랑이 오면 달구어진 길 위로 따뜻한 해무가 감싼다

슬픔 한 자락으로도 길을 내고 절망의 커튼 드리운 날에도 우리는 살아낸다

어쩌면 너는 나보다 오랫동안 숲을 지키며 길을 만들며 살아갈 것이다

너의 등고선을 읽어낼 독도법을 배우기 쉽지 않지만 나는 짐작한다

삶의 궤적에 더러 옹이가 박혀도 멈추지 않고 굵고 얇은 등고선을 그릴 것이다

어린가지들이 하늘을 향해 팔을 뻗고 꽃들도 피어나야 하는 순명을 따른다

나이테가 숲을 키우듯 내 나이가 다 찰 때 까지는 희망의 등고선을 그려야만 한다

사랑이 한 필 쯤 돌아 감기고 때로 고독이 한 뼘씩 물 들 때도 있다
침묵이 심중을 둥글리면 시린 절망의 두께가 생기기도 한다
거기 설한풍 불던 시간을 돌고 돌아와 살아 있는 나무는 상쾌하다
계절을 지나는 모든 나무의 우수사려는 빛으로 등고선을 그린다

춘광에 결 곱게 마름질 한 겹겹의 사연도 굵고 얇게 말아 넣는다
뒤에 오는 사람들 산이 높은지 낮은지 알려주는 것은 살아 있어서 할 수 있는 일이다
기다려 등 두드려 주는 햇살처럼 싱긋 웃으면 너라는 등고선은 완경사의 언덕이다
연륜이 쌓인 너의 동심원은 산의 중심을 잡아 주어 흔들리지 않고 남은 길을 가게 한다
고도가 높아갈 수록 수면은 멀어지고 바다보다 하늘이 가깝다
나도 너라는 등고선처럼 쌓여가는 시간들을 잘 그리기로 작심한다
등고선을 읽어 내는 산술법이 없어도 길을 내고 길을 가야만 한다

가야할 희망봉의 해발고도는 그리 걱정 할게 못 된다
가지런히 돌아가는 시간은 넓이를 잴 수 없는 둥그런 신비다
기적을 만드는 길이라서 깊이를 알 수 없는 삶의 연장선이다
너라는 등고선을 읽는다

초충도와 신사임당

가을의 한 가운데에서 타임머신을 탄다
국립중앙박물관 십삼만 오천여 점의 문화유산이
이십일 세기를 광속으로 지나고 있다
눈에 익은 십육 세기 그림 앞에 멈추어 선다
여인들의 롤모델 흠모하던 신사임당의 초충도가 펼쳐져있다
일곱 살에 안견의 화풍을 따라 산수화를 그렸던 신사임당
그림은 종이에 담채로 산뜻하였다
여백을 계산하고 짙고 옅은 음영으로 생동하듯
섬세한 필치는 청초한 식물과 풀벌레에게도 힘을 불어 넣었다
선명한 실선은 청초한 분위기가 배어났고
유려한 색채는 정확한 묘사로 사실감이 배가 되었다
수박과 들쥐 가지와 방아깨비 어숭이 개구리 양귀비와 도마뱀
맨드라미와 쇠똥벌레를 뉘라서 눈여겨보던 시대이던가
양귀비 한 송이 패랭이 네 송이 달개비 여섯 송이
잠자리며 나비들 잡풀에게도 따뜻한 맘이 실려 있었다
미려한 음영을 살린 색채법은 사랑과 나눔의 따뜻한 마음이 그려져
아름다운 생명존중 예술의 경지를 짐작하게 한다
유명한 율곡의 어진 어머니이자 현모양처인 사임당
곤충과 풀꽃에게도 고운 시선으로 보아내는 마음의 발로가

예술의 위대한 시작이라고 일러준다
거대한 타임머신을 타고 온 시 서 화에 능하던 여인이
한 여류시인에게서 쉬이 떠날 줄을 모른다

오스트레일리아의 드넓은 대륙에 이백년 일천한 역사를 본 나는
길고 빛나는 역사를 간직한 보물들에 경의를 표한다
작은 타임머신으로 갈아타고 다시 한 번 오죽헌으로 가야겠다
감동과 깨달음을 줄 그림 같은 시 한 편 간절하다

권정자, 혹은 느티나무 정자

동네방네 자잘한 이야기 한 귀로 듣고
새들이 물어도 침묵하는 당신
소나기 내리면 우산이 되어주고
찬바람이 불어도 겹겹으로 막아서는 당신
뜨거운 삶에 폭염도 쉬어가고
인정스런 이야기에 빙그레 웃는 당신
푸르게 뛰어놀던 꿈 보듬어주고
첫사랑의 긴 기다림을 지켜주던 당신
나그네 길 찾도록 언제나 그 자리
향수의 상징되어 떠나지도 않는 당신
풍화된 전설이 상처가 되어도
깊은 사연 묻어두는 우직한 당신
하모니카 소리 명치 끝 박히던 날
안식의 그늘로 손짓하던 당신
토박이나 뜨내기나 구분치 않고
긴 세월 누구라도 달래주는 당신

권정자 여사는 우리 엄마고
공덕을 쌓은 당신도 느티나무 정자시네
우리 엄마와 당신은 유난히도 닮았네

어른은 이렇게 사는 거라고
큰 팔 펼쳐 웃으며 휘파람을 부네
아이 같은 나는 당신의 그늘에 바르게 앉아
사계절 품 너른 사랑을 배우네
어머니와 느티나무는 모두 우리가 쉴 공간
정자였네

시를 만나러 오가는 길
— 고려대로 향하며

낙엽송에 우듬지 내려왔던 별들이 하늘로 돌아갑니다
감나무에 이슬이 후두둑 떨어집니다
꽃봉오리처럼 부푼 마음으로 집을 나섭니다
노란 콩꼬투리가 살짝 벌어지는 소리가 들립니다
산새들이 스윗스윗 아침을 노래합니다
그대와 만날 약속시간을 지키고 싶습니다
지하철3호선에 재빨리 몸을 싣습니다
소백준령 넘어 온 사과향이 나는 가방이 무겁습니다
환승하면서 만나는 얼굴들이 반갑습니다.
그대에게 가는 가장 가까운 지름길로 향합니다
고속터미널역 3-4 3-4 3-4 3-4 3-4 번 문 앞에 머뭅니다
그대에게 가는 비밀번호를 외웁니다
내 마음을 아는지 이윽고 환승역 조금 더 빨리 가야합니다
6-1 6-1 6-1 6-1 6-1 약수역에서 타야할 문입니다
그대에게 가는 길을 헤매지 않을 단축번호입니다
낙엽송 새순 같은 젊은이들을 따라 계단을 바삐 오릅니다
그대의 얼굴 같은 가을하늘이 푸릅니다

그대를 만나고 돌아갑니다
서두르지 않고 저녁별을 따라갑니다

앞산에서 향기 짙은 향국이 마중나옵니다
나뭇잎들이 그대의 소식이 궁금하다고 수런거립니다
나는 당신을 잘 모르지만 당신은 날 잘 아는 것 같습니다
나는 아직도 어떻게 대답할지 망설입니다

어머니의 브로치
— 배롱나무 꽃

매미들 함성에
새들도 잠시 노래하기를 멈춘 한낮
옥양목처럼 하얗게 흐르는 구름 아래
낮달의 피부를 가진 배롱나무 숲
지지미 천에 꽃무늬처럼 자잘한 보석들
폭우도 폭염도 견디더니 가지마다 빛난다

검은 비로드 같은 머리의 동네 처녀
어머니가 나눠주시던 색색의 브로치
분홍빛 린넨 블라우스에 꽃같이 피고
전선에서 월남치마 선물했던 병사와의 첫사랑
나일론 이불에 찍힌 꽃무늬 같은 꿈을
어머니의 브로치로 꾸게 된 것일까

꽃밭 같던 브로치상자를 부러워하던
일곱 살 아이가 올려 다 본 하늘은
젊은 어머니의 연 남빛 유똥치마 폭
모시 저고리처럼 엷은 시절은 이울고
다홍빛 공단 천에 가지색 자미사 두른
어머니의 브로치가 저 숲에서 환하다

노 지 윤

아름다운 그릇 외 4편

노 지 윤

작은 꽃병의 물을 부었다 쏟았다
무지개 색으로 변하는 작은 꽃병은
웃는꽃 투정꽃 재롱꽃이 가득 채워져있다
투정꽃을 재롱꽃으로 바꾸라며 건너방에 그녀도 나를 질책을 한다
내 뜻대로 안 되는 걸 난들 어찌 하리

뒤안길에 조심조심 모아둔 주둥이 총알 내 울화통 그릇이 넘치기 시작한다
나도 모르게 분수가 솟구치듯 따 다다다 총알을 쏘아대니
온 집안은 고요가 엄습해 오고 잠자던 신발 쌍둥이가 깜짝 놀라 눈치 빠르게 내 손을 잡고 길을 나선다
가던 길 못 찾아올까봐 눈물 찍어 징검다리 만들고 쪽빛 하늘가 흰 구름 정처 없이 따라간다

내 발길 붙잡는 홍련 백련 꽃송이 연초록 우산 속에서 허드레 풀잎들까지 지나던 바람 놈이 허리를 더듬으니
자지러지게 웃는 소리에 곁눈질로 훔쳐보는 나를 부른다
귓속말로 참아참아 내 귀문을 두두린다

터진 울화통을 붙들고 시름하는 나한테 오지랖도 넓은 회한(悔恨)이 내 등을 도닥도닥 다독여 끌어안는다

엉켜버린 실타래 방실방실 웃어주는 꽃잎 목에 걸어주고
그래 내 창자 지나던 날 짐승한테 던지면서 무거운 마음 내려놓는다
인생사리 별거 아니야 다람쥐 쳇바퀴 도는 인생인 걸 신발 쌍둥이가 나를 앞세우고
서녘 붉은 노을 속에 어둠이 거미발처럼 기어내리는 길목에서 서성이고 있다

가을 풍경

한로(寒露)에는 찬이슬이 얼굴을 내밀고
만삵 된 배추포기 몸 풀러 갈 준비에 바쁘다
상강(霜降)에 서리꽃 피어나니 국화꽃 융단을 깔고
오색 단풍 저고리 입은 가을 여인 앞 세워 온다
도색(桃色)이 아구리까지 꽉 찬 바람
꼬리가 길면 잡힌다더니
구경꾼들이 구름밭을 이루며 모여든다

연보라 머플러를 휘감은 구절초 꽃
바람모지 잔디밭에 오가는 발길 잠시 쉬어가게 한다
꽃대 밑에는 둑딱뚝딱 기미 떼들이
가을 여인 세간 날 새집을 짓는 건축 공사가 한창이다
어깨에 자재를 메고 나르느라 분주하다
손녀는 줄지어 가는 개미가 신기한 듯
반짝이는 눈을 떼지 못하고
할머니 개미가 또 가고 또 가요

시샘이라도 하는 듯 작은 돌멩이가
아이의 발을 걷어차니 덥석 넘어진다
어매어매 우리 강아지 어찌야 쓰까

가슴이 철렁 내려앉는다
무릎이 깨져서 피가 흐른다
아이가 깜짝 놀라 자지러진다
돌멩이는 땅속에 대그빡을 처박고 숨는다

속이 상해 죽겠는데 옆에 구절초 썩을 년은 낄낄 웃어댄다
속에서 천불이 나 그년을 냅다 걷어찼더니
억울하다는 눈물이 한강을 역류시킨다

고개 넘어 새떼구름도 짠하다는 눈빛으로
실눈 뜨고 위로의 문자를 보낸다
돌멩이 훼방꾼 때문에
아이 무릎에는 붉은 국화 한 송이 피어나고 있다

며느리밥풀꽃 설화

꽃봉오리가 다 개화하기도 전에 부모 형제 정 그리며
콩닥콩닥 뛰는 가슴 안고
낯선 품에 안겨 살아야 했다
조혼의 풍습이 원망스럽기도 하련만
어린 가슴은 어스름이 거미발처럼 기어내리면
눈가에서 역류되는 눈물강은 베갯머리 둑으로 넘친다

끼니때면 당신이 내어 주는 땟거리 바가지
열 식구인데 일곱 식구 땟거리만 주는 당신
아홉 주발을 나누고 나면 내 그릇은 늘
솥 가에 밥 알 몇 개 주걱에 붙은 밥알 몇 개 떼어먹으며
물로 배를 채우고 하늘을 바라보면
작은 고기 몇 마리가 놀고 있다
손님이 오는 날에는 행주를 꼭 짜 주발 안에 담고
밥으로 살짝 덮어 먹으라던 당신

어린애는 울어대며 젖줄을 놓지 않고 빨아대고
현기증을 일으키는 허기를 참지 못해
부뚜막에 앉자 밥 한 수저 입안에 떠 넣다 들켜
어머니가 등을 후려치니

밥알이 튕겨 나오고 남은 밥알이 목에 걸러 숨이 멎었더란다

자식을 남겨 두고 먼 길 떠난 어미의 한은
상여꾼도 상여가 땅에 꼭 붙어 떨어지지 않더란다
이듬해 봄 며느리 무덤에는 파란 새싹이 오르고
붉은 꽃잎 속에는 밥풀 두 개가 매달려 울고 있었다
그 후로 사람들은 그 꽃을 며느리밥풀꽃이라 불렀다

요술 방망이 손

늘 그녀와 가까이 있으면서도 좋은 줄
모르고 살아왔다
내가 좋아하지 않는데도 그녀는 나를 자주 찾는다
일을 멈추고 쫓아가면 예쁜 꽃 사달라고 보챈다
안사주면 토라져서 달래기가 어렵다

시장 골목을 헤집고 자운영꽃 냉이꽃을 사다 벽에 걸어주면
금방 호랑나비 앉아 놀고 개구리가 팔딱팔딱 뛰어 나온다
꽁알꽁알 흐르는 선율에 길 가던 길손까지 끌어들인다
그녀의 침술도 유명하다
진종일 환자에게 침을 놓고도 지친 기색이 없다

조금만 뜻이 안 맞아도 토라져서 딸꺽딸꺽 생떼를 쓴다
아무리 달래도 소용이 없다가
잘생긴 남자를 소개해주어야 빙그레 웃는다
지지고 볶을 때는 그녀가 밉지만
지금 생각하면 참으로 고마운 그녀다

오랜 세월 다투면서도 내 곁을 떠나지 않고
우리 가정을 지켜준 그녀
그녀 덕에 작은 열매 세 개를 큰 열매로 키워 냈다

이제는 삼남매 그늘에서 모래알처럼 잠자고 있는
글을 주워 모아 작은 성을 쌓고 싶다

사계절 연가

입춘이 호통치는 소리에
들녘은 초록날개 퍼덕인다

태양이 하품하는 입김에
열기가 온 세상에 내려온다

풍년이 익어가는 소리에
오색의 꽃송이로 가득하다

동장군 고추바람 몸살에
놀란 하얀 박꽃 떨어진다

지구는 그렇게 태양을 돌고
나는 그렇게 쳇바퀴를 돈다

박 현 웅

도화지에 그림그리기 외 4편

박 현 웅

가을 하늘은 나의 도화지다
무지개 물감으로 그림 그리기는 안성맞춤이다
높게 나는 비행기로 선을 그리고
저멀리 뭉실뭉실 떠 있는 뭉게 구름으로 뎃생을 한다
천둥번개 축하연 불꽃놀이도 그려넣고
수,금,화,목,토성의 오색 반짝이는 별빛과
천왕성 명왕성도 그려 넣는다
청둥오리 검은머리 물떼새 가창오리 떼 한풀이 춤도 그려넣고
마량동백나무숲 해돋이와 천방산의 풍광도
그려 넣는다
살포시 쉬고 싶은 작은 오두막 집도
서럽게 울어대던 소쩍새의 울음도
나의 깊디깊은 일상과 가슴적시던 그리움도
선술집의 좁은 골목에서 방황하는 것도
세월의 무상함과 젊은 날의 패기도
너울너울 도화지에 그려 넣는다
가을 하늘은 나의 도화지다

청명한 봄

논배미 물 가득 담아 잔잔한 호수 만들고
하늬바람 물결에 지푸라기 돛단배 띄운다
지난겨울에 쟁기질로 갈아 놓은 논 고르고
널빤지 썰매 타며 못자리 만든다
우렁각시 시집갈 준비로 살림 장만 분주하고
개구리 청년 몸만들기 한창이다
아버지 모판에 볍씨 뿌려 푸른 융단 펴시고
곡예단 외줄타기 어머니 새참 머리에 이고
논두렁을 걸어오신다
넓은 들판에 황소 써레질소리에 소금쟁이들 피난
짐 꾸리기 바쁘다
물방개 떼로 텃세 부리며 동네 똘마니들에게 힘자랑이다
홀로 먹이 사냥 나온 황새는 고고한 나래로 논바닥 휘젓고 잘난 척한다
어미 따라 나온 뜸부기 가족 릴리리 맘보 노랫가락에 봄 소풍이 즐겁다

종달이 높이 날다

아버지, 시골 오일장에서
튼실하고 눈망울이 큰 누렁이 황소를 사왔다
누렁이 황소는 우리 집 재산목록 일호가 됐다
잘그랑잘그랑 이부작이부작
누렁이 워낭소리와 여물 먹는 소리에
우리 가족 살찌운다
이랴이랴 음매음매
워워 음모오음모오
밭갈이 할 때 아버지와 누렁이의
정겨운 소리에 우리 형제들
상급학교 공납금 낸다

삐르르캬아캬아 쭈르르캬아캬아
풀숲의 종달리 하늘높이 도망가는 소리에
우리들 민방위 훈련한다
밭 건너편 숲에서 껑껑 껑껑
장끼 발정났다
구애 소리에 가족계획 세운다

추억 한 페이지에
종달이란 지휘자가 있다

색소폰을 불며

해질녘 바닷가 외로이 홀로서서
당신의 고운 울음소리에 취해 있을때
길 가던 나그네의 발길도 머뭅니다

처량하면서도 웅장한 당신의 목소리
뺘응뺘응 당신의 숨넘어가는 소리
당신의 차갑고 매끈한 허리를 보다가
시집살이에 지친 며느리처럼 툭 튀어 나온 입을 보면
금방이라도 울음을 터뜨릴 것 같습니다

당신이 두 옥타브 운율로 오르락내리락 할 때
애달픈 사랑을 뒤로하고 신병교육대 입소한
애인은 나라를 위해 목숨 받치겠다고
새로이 마음을 다짐해 봅니다

당신의 입술에 입을 맞추며
오늘도 오선 음계의 선율에
나는 입술딱지가 터지고 파랗게 되도록
시소를 타봅니다

모깃불

이글거리던 태양이 석양끝으로 사라지고
땅거미가 마당에 스물스물 내려앉을때
아버지, 들에서 베어온 풀섶을 쌓아 놓고
모깃불을 피우며, 평상을 펴신다.
어머니가 낮에 밭에서 따온 늙은호박 넣은
붉은팥 수제비를 한 솥 끓여 내신다.
그러면 우리는 밤 하늘의 달빛별빛 호롱불 삼아
올망졸망 평상에 둘러앉아
한 양푼씩 게 눈 감추듯 비운다.

엄마 더 주세요.
이놈아! 짜구날라 그만 처묵으라.

모깃불 연기가 하늘로 휘감아 올라가던 그 해 여름
지금도 내 마음에는 추억의 모깃불이 모락모락 피어난다.

백 운 수

문(門) 안의 세상 엿보기 외 4편

백 운 수

광활한 우주의 문을 열어본다
별들이 눈빛을 발산하며 사랑을 속삭이고 있네
단단한 바위의 문을 열어본다
희귀한 보물 엿보느라 발 디딜틈 없이 세인들로 빽빽하네
위엄한 삶의 뱃속 문을 열어본다
쥐랑 토끼랑 이름모를 새들이랑 장을 보면서 어울리고 있네
시커먼 타이어의 문을 열어본다
그 속엔 작은 마을 구석구석 지도가 가득하네
알룩달룩한 나뭇잎의 문을 열어본다
1급 청정수의 물들이 왕래하고 있네
모래만한 벼룩의 문을 열어본다
압축 고압 스프링이 24개나 있네

참된 사람의 문을 열어본다
봄볕에 눈 녹듯 행복이 줄줄 흐르고 있네

홍시

산골마을 갓 자락에 우두커니 집 한 채 서 있다
한 이백 년 그곳에서 꿋꿋하게 살고 있다
철마다 색색 옷도 갈아입는다
태양을 몇 개나 삼켰을까
달하고는 며칠을 동거했을까
이슬로 살포시 목욕도 한다
개울가 수수들에게 이리저리 뽐도 내고
샛강 타고 온 바람에 땅바닥으로 콕 처박혀버렸다
얼굴이 엉망이 돼버렸다
서산에 석양빛이 살짝 그녀의 볼에 앉는다
연지곤지한 새색시보다 더 예쁘다
까치에게 한 모금 양식도 건네준다
그녀의 볼에 울그락 검은 점 하나 생겼다
배달부 아저씨 따르릉 소식 가져오고
그 소식에 제비는 강남 갈 채비에 분주하다
어느덧 장독대엔 하얀 꿈 하나 얹히고
그녀도 이제 깊은 잠에 빠져든다

떡국 가래 쭉쭉 뽑듯 작은 내 꿈 하나도 뽑아본다

안경과 풍경

작은 시골마을 이집 저집 굴뚝엔
오그락자그락 뽀오얀 연기 피어나고
밥 짓는 내음 실바람 타고 오던 1979년 어느 봄날

아직 철없던 나에게 그녀가 혜성(星)처럼 다가왔다
때 이른 내 나이에 처음 있는 일이라
정신이 몽롱하고 눈 앞에 캄캄했다
당황 열 배 부담 백 배였지만
그녀는 무척이나 나를 좋아했나 보다
시도 때도 없이 내 곁에 꼬옥 붙어다닌다
결국 나는 그녀를 받아주기로 마음먹었다
때론 다투기도 하고
때론 거느적거리기도 했지만
지금까지 그녀와 잘 살고 있다

그녀는 나에겐 없어서는 안 될 존재
내 눈이 되어주는 그녀가 정말 고맙다

반딧불이 이야기

−필리핀 팔라완에서 반딧불 투어를 하면서

아련한 기억하나 끄집어낸다
호박넝쿨 흐르는 초가지붕에서도
한 바구니 왕겨 연기 피우던 마당에서도
덜컥덜컥한 마을 개천가에서도
올림픽 경기보다 더 자유롭게 놀던 너
그런 네가 정든 고향 떠난 지 반백년 되었건만 여태 소식 없더니
이국 만 리 타향에서 본 너의 모습은 환상 그 자체였다

서쪽 하늘 달 빛 내릴 때 사알짝 숨박꼭질 하는 반딧불아
밤하늘 구름으로 그림 그릴 때 어깨춤 추는 반딧불아
노 저어 너 보러온 그들에게 애태우는 반딧불아
이슬 내린 풀잎 뒤에서 목욕하는 반딧불아
강바람 나들이할 때 흥얼거리는 반딧불아
이 마을 저 마을 불놀이하는 반딧불아
몰래 몰래 사랑질하는 반딧불아
옆 동네로 마실가는 반딧불아

옛날 그 시절 그 놀이터로
다시 돌아오면 안 되겠니
정말 안 되겠니

술

거실 커튼 레이스에 예쁜 술이 달려 있다
레이스 술에 취해 몽롱해진다
꽃을 피우는 술은 꽃술
마음을 피우는 술은 취하는 술
사랑을 피우는 술은 레이스 술인가 보다

이름 모를 어느 별
그 별 속에 목이 넓은 항아리 하나 서성대고 있다
어떤 곳일까 궁금하여 그 속으로 여행을 떠나본다
뽀글뽀글 거품을 품고
황산보다 진한 냄새를 풍기고
용왕보다 뜨거운 열을 발산하니
정신이 하나도 없다
왜 그렇게 많이 마셨을까 후회해본다
때는 이미 늦었다
나를 망가뜨리는 나쁜 술이다

술술 잘 넘어가니
술술 엉킨 실타래 연줄 풀리 듯
내 삶도 술술 풀렸으면 좋겠다

손 정 애

오이씨 전설의 부용산성

손 정 애

10여 년 전 전설의 고향에 방영되었던 가슴시린 사연을 기리고자
우리의 얼이 담긴 한글날을 택해 축제의 장을 연다
방귀를 뀌었다는 이유로 신혼 첫날밤에 쫓겨난 왕비
그의 몸엔 이미 새 생명이 잉태된 상태였다
아이가 철들어가면서 아버지를 찾아 보채니
쫓겨나게 된 연유를 들려줄 수밖에 없었다
그 말을 들은 아이는 오이씨를 들고 궁궐주변을 돌면서
저녁에 심어 아침에 따먹는 희귀한 오이씨를 사세요, 외친다
풍문을 전해들은 왕이 그 아이를 궁으로 불러들이라 명한다
세상에 그런 씨앗이 있단 말이냐
예, 있습니다
단 방귀를 뀌지 않는 사람이 심어야 가능한 일입니다
예끼 이 녀석 방귀 안 뀌는 사람이 어디 있느냐, 호통을 쳤다
그렇다면 어찌하여 방귀를 뀌었다고 어머니를 폐비시키셨습니까
따져 묻자 크게 뉘우친 왕은 폐비의 입궐을 명했다
그러나 명에 따르지 않고 산성에서 여생을 마친 폐비는
이곳 부용산의 여신이 되었다고 한다

그의 품에 안겨 갈고 닦아온 40여 년
그 터전 위에 자리한 아담한 도량에서
폐비의 생애를 기리기 위해 준비한 축제의 장이다

신 형 자

인생은 비문이다 외 4편

신 형 자

캠퍼스에 가을이 익어간다
플라타너스 수채화를 그려내더니
깊어가는 가을 달빛은 홀로 쓸쓸히 부서져내려
가만가만 손짓한다
시리도록 푸른 달빛과 입맞춤을 하고나니
쓸쓸히 가을벌레가 운다

서럽게 가려는 몸짓에
나도 넓은 하늘만큼 허허롭다
젖은 눈으로 한없이 바라보다가 잎새와 친구가 되었고
노을을 불러 모아 땅거미랑 소꿉놀이를 한다

자신을 조각내어 밝은 빛을 주고 달이 떠날 때
조각 난 아름다움 까지도 세상을 향해 빛으로 찾아든다
가을이 가고 있다

나는 가을앓이에 미열이 난다
산다는 것은 어쩌면 사계절에 녹아 스며드는 것
나도 물밀 듯 인생이란 소작논에 스며들고 있다

호랑이는 죽어서 가죽을 남기고
사람은 죽어서 이름을 남긴다는 옛말이 있다

나도 고향 길모퉁이 어디쯤 아름다운
시인의 비문을 남길 수 있을까
의문이 반이다

까치의 울음에 관한 명상

우리 집 베란다 밖 풍경은 한 폭의 동양화입니다
잣나무들이 줄지어 산을 오르고
늙은 소나무는 비늘을 떨며 몸집을 치장을 하고 있습니다

떡갈나무 꼭대기에 둥지를 튼
까치는 갈바람이 그렇게 가라고
해도 떠날 줄 모릅니다
창문을 열어젖히면 일제히 아침
인사를 건넵니다
나는 콧노래로 화답을 합니다

흔히 머리가 나쁘면 새대가리라 칭하지만
함부로 새를 비하 하지 마라는 메시지를 보냅니다

어디로 마을 구경을 다녀왔는지
먹이를 물고 와서는 짹짹거리는 새끼들에게
야무지게 먹여줍니다
사람도 자식을 버리는 세상에
새 만도 못할 때가 더러는 있습니다

깎깎, 날 불러 세우며 작은 입술로 고음을 내더니
깎깎, 앙증맞은 재주를 부리면서 공연을 시작합니다
너울너울 힙합 댄스를 춥니다
잎새들도 저마다 다른 빛깔로 박수를 보냅니다
나도 덩달아 신이 납니다

깎깎, 서로를 깎아내리지 말라는
깎깎, 서로를 깎듯이 위하라는
그들의 사랑 노래가 산기슭을
에워싸며 메아리가 됩니다

해운대

작은 모래알이 수 없이 부서져 내리는 바닷가
이제야 나는 그대와 마주합니다
동백섬과 큰바위 얼굴이 즐비하게 서 있고
해운대 특별시라는 멋스러움이 묻어나는 그곳
수 없이 많은 파라솔이 쳐져있는 여름바다
손가락으로 셀 수 없을 만큼 많은 사람들
그곳에서 그대와 마주합니다

당신의 모래톱에 맨발을 맡깁니다
사각사각 밟히는 촉감
당신의 살결이 물보라만큼이나 보드랍군요
발로 그린 하트모양은 파도에 휩쓸려
망망대해 항해를 시작하네요

노란 튜브에 몸을 맡긴 사람들 사이로
나도 몰래 어린아이가 되어봅니다
파도치는 움직임 따라 부평초가 되어봅니다

나는 늘 바다를 품고 살아왔지요
그래서 그대가 더욱 그리웠나봅니다

밀려왔다 밀려가는 그대의 노래
소라가 들려준다는 그대의 전설

그래,
아득한 그때 달빛 아래
밤바다에서 멱감던 어린시절도 지금 같았지요
가슴에 꿈을 싣고 태평양을 향해 노저어갑니다

비

또드락또드락
청색의 음색을 지닌 그가 발자국을 남기며 지나갑니다
장대비 소낙비 이슬비 가랑비
모두가 다른 비의 운율
소리의 강도는 내릴 때마다 다르지요

햇빛이 강해질수록 그를 기다린 이가 많습니다
조선시대 태종은 가뭄이 심할 때면
하늘을 보며 기우제를 지냈다지요

우리 아버지 가뭄도 가슴까지
선명한 지도를 그린 적이 많았습니다
천수답 논두렁에서 물을 들어 올리시던 모습이
산수화 풍경되어 떠오릅니다

지금은 유자와 단감 밭으로 변해
논은 억새가 주인공이 되었지요
가장의 무게가 큰바위얼굴인 줄은
철들고 나서야 깨달았습니다

비는 목마른 이에게 환한 빛으로 다가오지만
그가 너무 자주 드나들면
오히려 사람들 마음은 잿빛이 되지요
인간의 힘으론 자연의 섭리를 어찌할 수 없나 봅니다

또드락또드락
창밖에는 오랜만에 비가 내리고 있습니다
산다는 것은 어쩌면 비를 기다리는 일인지도 모릅니다.

우주선, 나로호에 부쳐

남편의 늦은 귀갓길, 검은 봉지 하나 무겁게 들려있다
어라! 유자향을 잔뜩 짊어지고 온 게 아닌가
나는 기다렸다는 듯이 방마다 맑은 유리접시에 고향집 뱉이랑을 옮겨놓았다
단숨에 변해버린 유자밭둑을 서성거린다
엄지를 치켜세운 지 오랜 세월이 지난 고흥 유자
주방에는 갯바람 소리가 향수를 불러 모으고
거실에는 유자 향기가 진동한다
나는 남편과 나루터에서 정답게 인사를 주고받는다

어릴 적, 호수처럼 잔잔하고 잔디처럼 푸르디 푸른
에메랄드빛 바다는 나에게 희망을 안겨주었다
와교라는 마을 이름에 선경지명이 있었다
누운 다리라는 뜻처럼 영락없는 연도교가 생겼다
연도교 아래 여수와 거문도를 오가는 여객선의 뱃고동소리가
하얀 물보라로 바닷길 한가운데를 가로 지른다
해상국립공원과 유자 향기를
언제나 긴 멜로디로 삶의 하모니를 이뤄준다
나로도의 지명이 붙여진 이름 나로호
그 불기둥이 세계의 이목을 이끌고 있다

우주체험관이 세워지고 이소연 같은 우주인들이 쉼 없이 드나드는 나로도

온몸에 유자향기를 감싼 나로호가
번개처럼 푸른 창공을 날아오른다
나도 덩달아 가오리연을 길게 매달아
꿈에도 잊지 못할 고향으로 보낸다

심 상 영

추억 실은 소리개차 외 4편

심 상 영

영월 계족산 중턱 삭도쉼터에 있는 녹슨 구조물 앞에 섰다
우리나라 케이블카의 원조이고 산업역사의 상징이란 설명이 붙어있다
1934년부터 마차리탄광에서 발전소까지 험준한 12Km를 이어 주었다
1966년부터 발전소에서 이곳까지 탄재를 날랐다
삭도에 매달린 탄차를 솔개의 모습으로 보아 소리개차라 하였다

오늘은 내가 이겼다
금강정 아래 바위에서 동강을 건너는 수영시합이다
십 미터쯤 뒤에서 찬식이가
속이 비치는 젖은 팬티에서 물을 뚝뚝 떨어트리면서
크게 벌린 입으로 거친 숨을 몰아쉬며 따라오고 있다
하늘에는 소리개차가 우리를 내려다보며 날고 있다

수업이 끝난 오후 경석이와 나는
어제 끝내지 못한 땅따먹기 승부를 가리기 위해
그어둔 금이 지워졌을까
초조한 마음으로 솔약국 옆 골목을 향해 뛰었다
하늘에는 소리개차가 우리를 내려다보며 날고 있다

오늘은 기필코 영월국민학교를 이기리라
강을 사이에 둔 봉래국민학교가 명애를 걸었다
앉은뱅이스케이트를 타고 새끼줄로 만들 공을 몰았다
강북말랑갱이 영철이를 따돌리고
자갈돌로 표시된 골대를 향해 돌진한다
하늘에는 소리개차가 우리를 내려다보며 날고 있다

독자 생각

친구 대신 음식점 배달 아르바이트에 나섰다가
오토바이사고로 목숨을 잃은 10대가 법원에서 업무상 재해 판정을 받았다
연합뉴스 기사를 본 독자들의 생각을 읽었다

더러운 세상 도와줘도 시원찮은 데
재판까지 가서 뭘 하자는 거야
공단에서 일하는 놈들 다 그렇지 뭐
무면허라 핑계 대면서 거절했단 말이잖아
업무상 재해가 무면허하고 무슨 상관이 있다고
안주는 게 애국이라 생각했겠지
멍청한 놈들
주인 놈도 마찬가지야
알바 친구가 한 거라 본인은 상관 없다고 발뺌하려고
허락 없이 친구에게 일 넘겼다고 거짓 시말서를 쓰게 해
죽일 놈
거기다 무면허라고 책임이 없다고
시킬 때는 언제고 사고나니 발뺌이잖아
죽은 놈 앞에서 손해 조금 적게 보자고 지랄한 거잖아
쓰레기 같은 놈들 인간이 되라 인간이

그래도 재판부는 살아있네

아내와 나 사이

한때는 너무 멀리 떨어져있었다
지금이야 다니기에 아무 부담 없는 거리지만
그때 나는 자주 오갈만한 넉넉함이 없었다
그른 너를 채워준 건 한 주가 멀다고 주고받은 편지였다
하얀 종이 위에 펼쳐진 애틋함
핑크빛 그림종이에 비스듬히 써내러 간 사랑
어쩌다 한번씩 그림으로 전하는 설렘
지금은 너의 역사로 남아 책장을 지키고 있다

너는 내가 즐겨 타는 자전거다
내 몸에 익숙해진 페달링이다
엉뚱한 생각에 잠겨도 쓰러지지 않고 달린다
너무 느슨해지면 이내 쓰러질 듯 비틀거린다
너는 부드럽게 다뤄야 편안하게 달릴 수 있다
이리저리 다양한 길을 향해 가지만
나섰다가는 항상 제자리로 돌아와 편안히 쉰다

너는 아날로그 라디오다
아침저녁이면 아름다운 음악소리로 인사를 한다
지루해질까 하면 이내 재미있는 이야기로 웃음을 만든다

조금 삐끗해 채널이 맞지 않으면
침묵하거나 엄청난 굉음을 발산한다
잘 다루어 조금씩 맞춰가면
평온을 되찾아 일상의 이야기로 돌아온다

너는 냉장고에 넣어둔 시원한 감로주이다
기쁠 때나 슬플 때나 항상 함께한다
퇴근해 어스름 해가지면 어김없이 마주한다
차분히 시간을 가지면 진솔한 대화에 행복하다
너무 가까워지면 흥분하여 사자가 되어 아르렁거리다가
이내 원숭이가 되어 낄낄거린다
늦은 밤까지 이어지면 가물가물 정신이 혼미해진다

머그컵

캄캄한 어둠 속 갑갑한 감옥에 갇혀 덜컹거리며 어디론가 이동했다

야유회에서 재잘대는 아가씨들의 수다를 훔쳐 들으며 평온에 잠겼다

인사를 나누는 소리가 들린 후 잠깐 움칠 거리더니 생명의 빛을 만났다

'와 귀엽다'

새로운 세계가 내게 열리는 순간이었다

시원한 물에 샤워하고 잠시 몸을 말리는가 했더니

이네 화려한 유리성으로 안내를 받았다

유연한 몸매에 꽃 화장을 한 친구가 밀려난 자리에 털썩 주저앉았다

백옥 같은 살결에 둥글넓적한 친구들이 무등을 타고 놀고 있었다

연 푸른 빛의 키다리 녀석은 왕따 당한 건지 한쪽구석에 밀려나 있었다

케냐산 원두의 향기가 배기도 전에 뜨거운 물이 온몸을 데웠다

지금 이순간을 얼마나 기다렸을까

불안했던 과거도 지루했던 기억도 모두 사라졌다
벌름거리는 콧구멍에서 들리는 옅은 소리와
부드럽게 와 닫는 달콤한 입술
꼴깍하는 소리가 내게서 나는 것인지
그녀에게서 나는 것인지
행복은 커피향과 함께 머물렀다

따뜻한 비누거품을 먹인 까칠한 샤워타월이 루주흔적을 지웠다
그녀의 부드러운 손이 미지근한 샤워 아래서
내 엉덩이를 감싸 안고 온몸을 흔들어 댔다
나른하고 몽롱함이 잠시 머무는가 했는데
내 사랑을 질투한 칼날이 뒤통수를 치더니
매끈한 이빨이 망가져버렸다

나는 그녀와 가까운 곳으로 자리를 옮겼다
향기로운 커피향은 더 이상 내게 다가오지 않는다
연필 볼펜 칼 가위 형광펜
친구들은 모두 내게 기대고 있다
나는 다일 듯 말듯한 그녀의 손길을 느끼며
가끔씩 건네는 그녀의 눈길에 빠진다
이제 나는 열정보다 일상의 그녀를 만족하고 있다

빵집 연가

아내와 시장 다녀오는 길에 빵집에 들렀다
'당신 먹고 싶은 것도 고르세요'
먹음직한 빵들이 너무도 많다
나는 팥앙금빵 앞에서 걸음을 멈췄다
너무도 익숙해져 버린 당신
우리는 이 빵집에서 빵을 산다

학창시절 두근거리는 가슴을 쓸어내리며 빵집에 들어섰다
'여기요'
갈래머리 여학생들이 힐끗힐끗 쳐다보았다
어색한 소개와 가벼운 대화가 오갔다
유난히 웃음이 많은 동그란 눈의 여신
우리는 이 빵집에서 사랑을 시작했다

사제가 빵을 높이 들어올리고 주문을 외웠다
'제 안에 주님을 모시기에 합당치 않사오나...'
예수님을 몸에 담기 위해 한발씩 제단을 향한다
빵을 받아먹고 평화에 잠겨 기도한다
자신을 온전히 버리고 사랑으로 희생한 당신
우리는 이 빵집에서 살아간다

윤 경 옥

시를 쓸까 말까

윤 경 옥

시를 배우러 왔다지만 사실은 사람이 좋아서 왔네요
시는 사람이 쓰는 것이니까
시를 쓰는 사람과 친하면 시를 쓸 수 있지 않을까요
같이 묻어가면서 시를 알아가겠습니다
사실 저까지 시를 쓴다고 하면 자신들을 가볍게 여긴다고
그들이 화낼까 걱정이에요
시를 배우다보니 주변에 사물들이 새롭게 보여요
다들 스스로 움직이면서 내게 뭐라뭐라 말하는 것 같아요
암튼 이 자체를 즐기는 것만으로도 행복합니다
저는 너무나 단순하고 걱정이 없어
시인의 자질이 좀 부족한 것 같은 생각이 들어요
다 그렇구나 정말 그렇군 아무렴 그렇겠지
그렇게 쉽게 긍정해버리는 습관 때문 고민이 없어요
자주 멍 때리는 내 머리는
그냥 흘러가는 대로 유영하며 사는 것 같아요

시가 내게로 흐를 수 있을까요

윤 정

새는 날고 꽃은 피어 외 4편

– 나의 라임오렌지나무에게

윤 정

소년이 타고 놀던 나무는 자라서 커다란 그늘이 되고
소녀가 타고 놀던 그네는 자라서 높다란 나무가 되네
소년이 의지했던 아저씨가 떠나던 날,
오렌지나무는 하얀 꽃을 피워 작별인사를 하고
소녀가 의지했던 아저씨가 떠나던 날,
바다갈매기는 파도소리 가르며 위로의 노래를 부르네

가슴에 새 한 마리를 키우던 소년은
천상에서 꽃을 만나 행복해지고
가슴에 꽃 한 송이를 피우던 소녀는
바다에서 새를 만나 행복해지네
새처럼 가벼워진 마음으로 소년은 고향을 찾아오고
꽃처럼 어여뻐진 모습으로 소녀는 바다로 돌아오네

다시 잔잔해진 파도를 벗 삼아 새는 날고
다시 평온해진 바람을 벗 삼아 꽃은 피어
슬픔의 날들이여 안녕 기쁨의 날들이여 안녕

푸른빛에 물든 국립중앙박물관
– 청화백자

문인의 사랑받은 푸른빛 백자로다
고결한 사대부의 정신이 담백하고
풍류를 사랑한 마음 전시장에 번지누나

길상을 나타내는 무늬무늬 열렸네
꽃 중의 꽃 부귀화 목단이 탐스럽다
출세와 부귀영화를 두 손 모아 비누나

임진왜란 병자호란 극복하여 탄생하니
과감한 생각과 자유로운 예술일세
만민의 청화백자는 무병장수 기원하네

서울이라 한양 땅을 서너 시간 둘러보니
고금을 막론하고 멋과 풍류 가득하다
시월의 중앙박물관 하늘빛도 푸르구나

썬다방 커피의 추억

난생 처음 커피를 마시던 날인데요 로테 껌을 짝짝 씹으시는 언니가 커피잔을 제가 앉은 방향으로 내려놓은 겁니다 맞은편의 아저씨가 주문한 것인데요 그래서 처음 보는 아저씨와 눈이 마주 쳤답니다 순간 여자 친구가 눈 흘기며 걸어오더니 저를 위아래로 훑어보며 실수인 척 물 컵을 엎지르는 거예요 열아홉 인생의 첫 모욕을 겪었답니다 소도시의 인심이 후할 것이라는 생각은 순진한 나만의 착각이었답니다 울 엄마가 막내인 저를 아가처럼 여기시어 다 큰 처녀를 다방으로 심부름 보낸 탓이랍니다

전화기를 내려놓던 언니도 로테 껌을 짝짝 씹으면서 따각따각 걸어오네요

애, 너 심부름 왔다고 말을 해야제

저기요 커피 주시길래 당황해서 말을 못한 건데요

너 커피 안 마셔봤구나?

아니요 다방 커피를 못 마셔 본 건데요

애, 다방 커피가 다방 커피맛이란다

저기요 엄마가 커피 마시면 얼굴 까맣게 된대요

아 그러시구나 그럼 마시지 않아도 된답니다

아니요 잘 마실게요

그렇게 썬다방 커피를 마셨답니다

아카시아 향기가 가득한 커피맛이요
로테 껌인지 아빠 등에서 나던 냄새였는지도 모르겠어요
아차 울엄마 심부름은 잘생긴 우리아빠 모셔오라는 분부였답니다
아버지는 썬다방에 방은 계시지 않았어요
어디 계셨을까요?

요즘도 저는 햇살 좋은 날이면 썬다방 커피를 진하게 타서 마신답니다
금빛 쏟아지는 창가에 앉아 커피와 추억을 음미하면서

부엌신과 송아지

어린 송아지가 부뚜막에 앉아 울고 있어요
엄마아 엄마아 엉덩이가 뜨거워
부엌으로 나있던 작은 문을 열고 첫돌아기가 기어나와
부뚜막 옆으로 뚝 떨어져 울고 있다
하늘이 구하셨다
국자에 설탕을 녹인 달고나를 만들어주던 오빠야가
우리를 대신하여 마당을 뱅글뱅글 돈다
날으는 빗자루가 하늘에서 뚝
삼남매가 대문간에서 가쁜 숨을 고르며 히죽거리다가
단맛을 핥아 먹다가 다 같이 눈을 꿈벅거린다
송아지야 부뚜막이 뜨거우니 엄마 계신 곳으로 데려다줄게
한두 걸음 앞서가는 오라버니 따라 울음을 뚝 그친다
토실한 엉덩이에 꼬리를 달랑거리며 뒤따른다

어린 송아지가 큰솥 위에 앉아 울고 있어요
엄마아 엄마아 엉덩이가 뜨거워
부뚜막을 모르는 세 자매는 문을 닫고 컴퓨터를 타닥타닥
피아노를 토닥토닥, 리모컨을 만지던 둘째가 침대에서 뚝!
만이천원 진료비와 오천원 처방약으로 사나흘 고생하다가 침대를 치웠다

송아지들아 큰솥이 뜨거우니 조심하거라
지키고 서서 나란히 밥을 먹인다
큰언니 눈은 정말 커다랗고 이쁘다 엄마
우리도 눈이 큰 아이로 낳아주지

울음소리가 환청으로 들리며 나는
천날 만날 살고 나서 마흔 넘은 엄마소가 되었다
여느 날보다 급하게 헹궈낸 옷가지들을 머리에 이고
빨래터에서 집까지 한달음에 달려왔노라시던
칠순의 엄마가 부뚜막에서 울고 계실지 모르니
부엌신에게 빌고 빈다
엄마를 지켜주세요
우리 아이들을 지켜주세요

등대바보

당신을 만나러 갑니다
깜깜한 밤을 지나 새벽공기가 차지 않은 그런 날에
노을빛 조명을 업고 예쁜 낯으로 갑니다
립스틱 대신 입술을 앙 깨물어 적셔 봅니다

내가 기다렸던 날들보다 더 긴긴밤을
기다려준 당신에게 나를 선물합니다
달빛 젖은 얼굴로 당신은 나를 반겨줍니다
갈매기도 힘찬 날갯짓으로 우리를 응원합니다

위풍당당한 당신을 향한 사랑
고이 접어 잠을 청합니다
밤은 깊어가고 책임을 다할 당신이
검은 바다 핏빛으로 물들 때에도
모르는 척 눈감아봅니다

기다림이 지루해질 무렵, 새벽은 달아납니다
우리는 다시 만나 하얗게 새운 밤을 이야기합니다

이 병 옥

콩꼬투리 외 4편

이 병 옥

한 꼬투리서 나란히 자란 오 남매
잘 여문 콩알들은 통통 튀었지
저희끼린 콩 볶다가도 남이 아우 흉보면 형이 나서고
형이 지는 거 보면 아우가 굴러가 역성들었지
그래서 피는 물보다 진하고
형제 없는 외톨이는 서럽다 했지

뿔뿔이 흩어진 콩알이 삶의 터 잡고
때가 되어 싹을 틔웠지
한 꼬투리서 올망졸망 자란 거 그새 잊고
큰집 작은집 고모 이모 한 치 건너 두 치 되더니
삼촌 사촌 오촌 육촌 순식간에 풍작 이루어
저마다 통통한 콩꼬투리 키우고 있지

재활용품의 노래

희망 안고 한 무리 모아왔죠
절망의 숲에서 방황하던 천덕꾸러기들이 거듭나기를 고대했죠
세상욕망 미련 감정 다 버리고 부서지고 녹아 섞이고야
비로소 거룩한 부활의 삶을 깨달았죠

이제 각자 머문 그 자리에서 변신을 하는 거죠
어수선한 폐지들은 술술 풀리는 화장지 되고 소박한 꿈 담을 백지가 됐죠
골칫거리 폐식용유가 무공해 비누 되어 하얀 기쁨 전하죠
낡은 헌 옷이 지저분한 곳 닦아주는 걸레 되고 하우스 덮개가 되어
추운 겨울 새싹 키우고 고운 꽃 피우러 가죠

낮은 곳 높은 곳 가리지 않고 새 각오로 임하는 그들이
아직도 이 땅엔 턱없이 부족하다죠
그늘에서 절망하는 천덕꾸러기들이 재생의 기쁨 누릴 수 있도록
부디 분리하는 거 잊지 말아주세요

열차에서 만난 그녀

궁리하다 못해 열차에서 물건을 팔기로 했지
나도 여잔데 처음엔 부끄러워 당최 입이 떨어지질 않더라
침 한번 두 번 꼴깍꼴깍 삼키고
꽃무늬 지갑을 한 손에 들고 눈 딱 감고 나섰지 뭐

"자 여기 좀 보세요, 접으면 지갑이고 펼치면 배낭이 됩니다
단돈 만 원이에요, 만원이에요
이건 무릎 보호대예요, 약국에 가면 비싼데
여기선 한쪽에 단돈 오천 원, 한 켤레 만원이에요"

이미 꽃무늬 배낭 하나 펼쳐서 등에 메고
한쪽 다리엔 무릎 보호대 착용하고
착착 접은 물건을 잔뜩 들고 거듭 외치노라면
곁눈이라도 좀 주면 좋으련만
아예 유령 취급하는 눈뿐이면 실망이지
어쩌다 손짓해 반갑게 다가갔다가 허탕을 치고 돌아서면
뒤통수가 부끄러워 쥐구멍이라도 찾고 싶었어
그래도 매번 힘을 얻는 건
정말 필요로 하는 이가 선뜻선뜻 물건을 구매해 줄 때야

물건을 많이 팔아야 저녁 찬거리 넉넉히 사들고
가볍게 집으로 돌아가는 고단한 하루지만
대궐 같은 집에서 사는 게 재미없다고
밍크코트 입고 우울증 앓는 사모님보다 훨씬 당당하지 않니
이래도 난 꽃무늬 배낭에 희망을 메고 살거든

부엌

그녀는 가족의 영양을 공급하는 급식공장 공장장이다
40년 무사고 경력에 영양사 조리사 주방장까지 겸한 그녀
가끔 들락거리며 도우미가 되어주는 한솥밥 식구가 고맙다
어쩌다 그들이 자신의 영역이라도 침범하는 날이면
눈물이 날 정도로 감동을 받는다.
하루 삼시 메뉴를 고민하고
농수산물 원산지가 어디인가 친환경인가 꼼꼼히 살피는 그녀
불황이나 정년 걱정이 없고
출퇴근이 필요 없는 만년 직장의 그녀
요즘은 분점인 아들 딸 공장의
태양초 고춧가루 신토불이 양념에다 밑반찬까지 챙기느라 바쁘다
누가 뭐래도 그녀는 가족의 건강을 책임지고 지키는 용감한 파수꾼
넉넉하고 큰 손을 가진 급식공장의 공장장이다

산다는 건

산다는 건 탄생하고 혼인하는 축복이야
산다는 건 아껴주고 지켜주는 사랑이야
산다는 건 시기하고 경쟁하는 다툼이야
산다는 건 이해하고 배려하는 존중이야
산다는 건 근심하고 아파하는 고통이야
산다는 건 후회하고 뉘우치는 반성이야
산다는 건 만났다가 헤어지는 인연이야
산다는 건 아낌없이 주고받는 나눔이야
산다는 건 기다리고 기대하는 믿음이야
산다는 건 무탈하게 살아가는 기적이야

산다는 건 피고지고 꿈을 꾸는 희망이야

이 송 현

버스 여행 외 4편

이 송 현

1970년 순천장날
엄마 손에 이끌려 옥수수 팔러가던 아이는
그를 만나 행복했다

나무들이 다리가 달렸을까
어떻게 달려가지
여기는 동화나라일까
신기하고 신기하다는 듯
아이는 그에게 매달렸다

그런 아이가 이제는 어른이 되어 그를 만난다
어린 시절 회상하며 미소짓는다
잔주름뿐이신 어머니 생각에 눈시울 적신다

호박의 생애

따뜻한 봄날 땅속 친구들이 지렁이들과의 대화할 때
너는 싹을 틔울 준비를 하지
쭈빗쭈빗 새싹이 움틀 때 이사갈 준비를 하지
싹이 트고 잎이 날 때 꽃을 피울 준비를 하지
한껏 뽐내며 노랗게 나팔을 불 때 열매 맺을 준비를 하지
벌 나비를 유혹하여 풋풋한 향을 뿜을 때 배부른 꿈을 꾸지
많은 사람들의 입맛을 맞추기 위해 스스로 몸을 풀어야 하는 너

네가 팥과 찹쌀가루로 엉켜 서로 맛난 죽으로 탄생한 것처럼
우리 인간들도 서로 도우며 너의 생애처럼 살았으면 좋겠다

낙엽

봄날의 꽃은 화려하다
가을의 단풍이 더 화려하다
이는 인생의 끝자락에서
삶의 불꽃을 피우려는 까닭이다
가을의 단풍은 화려하다
그러나 겨울의 설화는 더 화려하다
이는 인생의 끝자락에서
떠나는 이의 모습을 아름답게 기억함이다
겨울의 설화는 화려하다
그러나 사람의 인연은 더 화려하다
낙엽이 타고난 후 죽음처럼 겨울이 찾아오면
기억의 끝자락에서 영원히 소생되어짐이다

사랑하는 이의 가슴에 잠들고 싶음이다
새로운 꽃으로 태어나고 싶음이다

갈대의 노래

붉게 물든 골짜기
갈대들이 하얗게 피어있다
서로를 부비며 우는 갈대들
맹수들도 그리운 임을 찾아 헤매고 있다
낙엽들은 붉게 물들어
땅으로 떨어지지만
갈대는 백발의 여인이 되어도
그리운 이가 돌아오기까지
그 자리를 지킨다
바람에 날리는 갈대가
여인의 치맛자락 같다
갈대가 서걱서걱 노래를 부르고 있다
방랑자의 노래
내 마음을 노래해준다

구리

구리구리 구리구리
태극기의 도시 구리
고구려의 기상 구리
축제의 도시 구리
살기 좋은 도시 구리

그걸 모르면 멍텅구리
알고도 모른척하면 어쭈구리
자부심을 느끼면 천연기념물 딱따구리

이 윤 수

굴참나무 아래서 외 4편

이 윤 수

밤이 되면 나갔다가 새벽에 들어오는
태양에게 어깨를 내어주는 당신
당신은 붉은 햇살에 몸을 맡겨
지평선과 허공이 맞닿는 지점에서
두근거리는 바람으로 불피리를 불어댑니다

언제나 새를 품고 사는 당신은
활활 타오르는 푸른 불꽃으로
바람에도 꺾이지 않습니다
가뭄에도 마르지 않습니다
무덤 없는 집이 되어
항상 한 자리에 서서 웃고 있습니다

푸른 숲 사이 둥근이질풀 수수함에
온몸을 떨며 웃는 당신
당신은 변함없이 나를 사랑해주는 집입니다
당신 안에서
새떼들의 웃음소리가 크게 들립니다
매일 출렁이는 당신의 가슴에는
영원히 잠들지 않는 영혼들이 살고 있습니다

당신처럼 여전히 자라고픈 나의 영혼도 살고 있습니다

가을로 가는 코끼리

이 밤, 코끼리를 타고
가을 속으로 들어가고 싶어요

코끼리가 큰 발로 쿵쿵거리면 나는 미련 없이 떨어져
당신의 갈피에 끼워질 나뭇잎이 되고 싶어요
소주 냄새나는 도시에서
당신이 버리고 싶은 세상에서
낙엽이 떨어지는 이 밤
아무도 모르게 코끼리 타고 떠나고 싶은 거에요

가을로 들어가는 코끼리를 타보세요
덩치 큰 가을을 타고 흔들리며 가 봐요
가끔 하늘로 코를 치켜들고 하루살이 꿈들을 잊어버리고
불타는 가을로 들어가 당신을 사랑하고 싶어요

무성한 나의 근심은 코끼리 귀처럼 넓었어요
당신에 대한 궁금증은 코끼리 소리처럼 메아리쳤죠
이제 나는 넓은 코끼리 등에 떨어지는 낙엽이에요
당신의 능선을 타고 메아리가 울리는
골짜기로 들어가 집을 짓고 싶어요

우리, 코끼리 타고
가을 속으로 들어가요

전파

세계도처에서 누르는
번호마다 지문이 각인된다
지문으로 남는 표식들 제 얼굴 남기기도 전에
암호를 푼 신호음이
도시 소음보다 더 큰 소리를 내며
광속으로 달리기 위해 징소리를 품고 있다

안테나에 집결한 주파수
초미니 네비를 장착한 번개위에 탑승 한다
무주 공간을 지나 목적지에 도달하기 위해
위성이 보내주는 전파를 잡아
바람을 뚫는다
어둠을 뚫는다
낙타를 타고 건너는 사막을 지나
북극점 얼음을 뚫고
햇빛과 어둠이 공존하는 곳
시리아 반군의 총알보다 빠르게
지구 반대편에 있는 정거장에 도착한다

청각을 통해 들리는 한 마디
"여보세요"
힘이 솟는다

아이들, 등대가 되다

아침이 되면 나무는 푸른 등을 밝힙니다
밤새 꺼놓았던 작은 풀도 꽃등을 켭니다
길에서 잠들은 돌들도 깨어나 등짝에다 믿음의 등을 켭니다
모두들 그렇게 서로를 위하여 등불을 켭니다

그러나 아직 불을 켜지 못한 곳이 있습니다
사람들의 마음속입니다
좌초의 빨간 불이 켜짐을 모르는 우리에겐
스스로의 등불을 꺼둔 채 암흑으로 항해합니다

모든 사람들은 등대가 될 수 있습니다
모든 사람들은 가슴 깊은 곳에 수백만 개의 등불을 갖고 있습니다
진도 앞바다에는 수백 개의 등대가 세워졌습니다
그 아이들 영원히 꺼지지 않는 등대가 되었습니다

우리들은 각자가 가지고 있는 태양 하나를 꺼내 세상을 밝혀야합니다
죽음을 넘어 사랑으로 피어낸 아이들의 불씨를 살려야합니다
모두들 그렇게 서로를 위하여 등불을 켜야합니다

별망

어렸을 적 뒷동산에 올라 밤하늘을 본적 있었다.
바위나 둔 턱에 올라서면 호박꽃 웃음 짓는 별들이
큰 다라에 잡아놓은 물고기처럼 가득했고
뒷동산 자락에 가슴 비벼대는 일곱 개의 별이
달 궁둥이에 둘러 앉아 노래를 불렀었다.
신들이 사는 궁전에서 들려오는 재즈에 젖은 별들이
아름다운 음절이 되어
잠자는 자들의 가슴에 꿈이 되어 흐르기도 하고
헛된 완성을 부수기도 하였다.
밤새도록
그물에 걸린 별들이 파닥파닥 거렸다.

전 하 라

소파견문록 외 4편

전 하 라

처음 만났을 때 그녀는 좌우대칭 미모에 스탠다드 균형미
어디 하나 모난 구석이 전혀 없는 미색이 탐스런 여자였다
나는 자주 그녀를 의지했고
그녀는 내가 다리에 힘이 없을 때도
즐거워 미소지을 때도
졸린 눈으로 힘들어할 때도 늘 내 응석을 받아주고 다독여주었다
나는 언제나 홀로 침묵하는 그녀가 있어 좋았다
여름 가을이 두 번씩 훌쩍 넘어가고 다시 가을이 오니
그녀의 피부는 눈에 띄게 아토피성 습진이 생겼다
언제부턴가 다리가 저리고 쑤신다고 나만 보면 눈을 흘긴다
산화성각질화 피부염인 것 같다
자주 돌봐 주지 않아서인지
듬섬듬성 검은 집장촌을 이룬 얼굴
세월만큼 늘어진 그녀의 퇴행성다리가 후들거린다
욕창이 생긴 그녀의 엉덩이를 보니 마음이 짠하다
나만을 기다리던 그녀가
이제는 깡마른 수수깡이 되어가고 있다
내가 돌봐주어야 할 퀭한 너구리같은 그녀
그녀와 이별할 때가 다가오나 보다
그녀가 고통으로부터 벗어날 수 있도록 보내주어야겠다

남태령을 탈고하다

수요일 아침 시의 제단을 쌓기 위해 종종걸음으로 달린다
시단의 길이 멀지만 완성을 향한 도발을 시작한다
역사는 무늬 없이 남겨지길 원하지 않는다
시의 간곡한 절규를 되뇌이며 긴 시의 무덤을 넘는다
죽은 영들이 남태령을 넘어 사당으로 향하는 길목
죽은 자도 산 자도 흡사 두려움에 떠는 곳이다
계단 안으로 들어가 시제를 향한 발굴이 시작된다
긴 혀처럼 늘어뜨려진 에스컬레이터
시를 향한 관찰과 기발한 발상 모토를 찾기 위한 탐색이 시작
된다
밀실의 굴로 향하는 끝 모를 시간
가도 가도 끝이 없는 것 같은 시점이다
발바닥에 펼쳐지는 평지에 안도의 숨을 후하고 내쉰다
그것도 잠시, 폐쇄공포 압박이 시작된다
차라리 씽크홀이 생겼으면 하는 생각이 흡사 요철 같다
오늘도 나는 혼돈의 세계에서 잠시 두려움에 흔들린다
발걸음마다 오탈자 투성이인 남태령을 탈고해
겨울 시단에 올린다

역사 조율사
–국립중앙박물관 여행기

약간의 가을미열을 얹히고 출발한 소여행기다
이촌역 2번 출구방향 에스컬레이터를 타고 올라간다
앞에 보이는 호수와 박물관이 가을을 내어주고 있다
그때 눈에 띄는 한 사람이 있다
반듯한 외모에 블랙 슈트를 걸친 그는
내가 좋아하는 중절모를 쓰고 있다
어느새 나는 그의 곁을 배회하며 셀카도 찍는다
멀리 보이는 석탑도 찍으며 한번 봐주길 기대해본다
하지만 여전히 흐트러짐 없이
가을공기와 푸른 하늘매듭을 잘라 모으며
역사의 책을 넘기고 있다
가끔씩 내려진 턱을 들고 먼 곳을 응시하는 것 같다
누굴 기다리지 약속이 있나
그는 여전히 신라를 넘기며 일본과 중국을 달려
인도의 타지마할에 머문다
책장을 넘기며 행복해하는 그 사람은
철학과를 전공하는 소크라테스는 아닐 거야
혹시 사람수선공인 외과의사
아냐 아냐 아마 역이민 온 교포 2세
그의 곁에 맴돈 지 15분이 경과된 것 같다

어쩌면 내게 양보할 긴 역사와 사금파리 한 조각 없는 지도 모른다
다만, 홀로 하이에나의 속성을 할퀴며
역사를 저장하는 역사창고지기인 것 같다
조금 맑아진 머리를 곧추세우며 에스컬레이터를 타고 내려간다
점점 멀어지는 역사의 뒷 여운을 털어내며 낙엽코트 깃을 세운다

언젠가 역사 속에서 만날 그 사람을 생각하며

순종과 반항 사이

매콤 살벌한 골뱅이에
청하 한 병 주세요
가을이 박주가리처럼 송글거리는 저녁
청계천 물빛을 불러서 잔을 채운다
골뱅이에 얹힌 사설이 사리국수를 말아올리고
매케하게 자리 잡은 오이양파에 화가 얼얼하다
구부러진 파채 속으로 속앓이가 잠재해있다
20대에 즐겨먹던 골뱅이 맛에 취해있는 너
너는 때로 나를 경멸한다
이럴 때 나는 너의 팔에 이끌려 주점으로 들어간다
늦가을이 주저앉아 한 잔 한 잔 주절댄다
언니 한 병 추가요
콩 좀 더 주시구요

비가 스쳐간 청계천을 보며
이십대의 네가 창가에 기댄다

나라는 가방

가방 가득 옷을 구겨 넣으며 여권을 챙긴다
기껏 며칠 나가면서 꾸역꾸역 삼키는 옷가지에
묻어나는 꼬투리를 잡는 말들이 들어온다
언제 올 건데
안가면 안 돼
꼭 가야 해
용의주도한 말들을 따돌린 일상어가 숨바꼭질을 포기하고 줄 서있다
모든 것을 뒤로하고 떠나는 길이 쉽진 않아도 한번쯤은 그래 보고 싶어
서둘러 가방을 잠근다
사십이라는 숫자가 멀게만 느껴졌는데
어느새 꼬깃꼬깃 말려들어가는 가랑잎처럼
17 27 37 딸려온 숫자가 전봇대처럼 성큼성큼 점프를 한다

열리고 싶지 않던 트렁크에 한 짐 가득 숫자를 채우고 길을 나선다
가방 귀퉁이에서 꼬투리를 잡는 구슬픈 석삼 너구리…
육십갑자가 실어증을 앓고 있다
오징어는 시꺼먼 먹물을 뿜을 채비를 하고

정 아

선사유적지에서 외 4편

정　아

임진강 줄기와 한탄강이 이어지는 곳
가을걷이의 풍성함으로 넉넉하고 원초적 본능이 강한
구석기인들의 초대로 전곡에 갔다
주먹도끼로 시작한 그들의 도구사용은
먹고 보호하는 본능을 이루기 위해 반복의 연속이었을 것이다
동물은 목적을 달성하고 버리는 망각과는 다른 주먹 닮은 주먹도끼
뭉뚝한 돌이 정교한 도구가 되기까지
자연과 함께 살아가야 했을 구석기인들
그들이 거처한 움막이 가을햇살에 따뜻하게 지펴지고 있다
땅을 파면 주먹도끼가 나올 듯하다
불을 지펴 저녁 한 끼를 준비하고
밤새 사랑할 것 같은 아늑한 선사유적지
그들은 어디서 이곳까지 왔을까
아프리카 부족장이었을까
내륙 따라 걸어온 그들의 길이 이제는 바다가 되었다
주먹도끼의 위대함이 존재한 그 시절
그들의 의식주는 가볍고 작았으리라
이제 음식물이 넘쳐나서 처치 곤란한 시대
이곳 구석기축제장에서 나는 복잡한 나를 버리고

가벼운 나를 찾는다
최소한의 도구로 살아보리라

길 위에서

나의 영역을 떠나와
바다가 보이는 작은 마을에 나를 내려놓았다
떠나오기 전 상상했던 풍경들이 빛나고 있었다
바다 산 들판 햇살 바람 소담스런 가을꽃
사랑하는 이들의 웃음소리와 향기나는 커피
따뜻하고 고슬고슬한 쌀밥에 펄펄뛰는 은빛생선들
청색기류를 타고 끝없이 펼쳐지는 이상의 세계
내가 꿈꾸는 상상들은 소소한 것들이고
모두 내 곁에 있는 존재들이다
나는 모래 한 줌 쥐고 살았다
스르르 빠져나가듯 허무함을 느끼면서도
길 위에 서고 싶은 꿈들이 많아진다
밤새 파도소리는 몽환적으로 다가왔고
또 다른 현실로 나를 밀어내고 있었다
꿈을 꾸는 날들이 많아질수록 꿈같은 현실이 많아지고
가끔 현실은 꿈이 되기도 한다
바다와 하늘이내 가슴을 노을로 물들게 하는
가을 어느 날 나는 길 위에 서 있다

도서관 가는 길

가끔 나는 그대를 만나러 간다
최대한 가벼운 발걸음으로 막내의 학교를 지나고
미술학원도 빼꼼 들여다보고
부유한 전원 주택가를 가로질러서
나지막한 정발산이 주는 초록의 호흡을 맘껏 부풀리면서
꽃밭 같은 산길을 한 고개 넘어서
아득한 그 시절 십리길 학교 다녔던 여중생이 되어본다

꽃처럼 즐거운 마음으로 새처럼 가볍게 걸으면
산자락에 자리 잡은 지성미 가득한 그대의 집이 나온다
커다란 유리창문엔 푸른 하늘이 비치고
번잡하지 않은 열람실엔 커피향내 배인 책들의
서두르지 않은 평안이 서로의 어깨를 기대고도 향기롭다
햇볕 가득한 그대의 집 마당엔
깔깔거리는 여학생들 따라 보랏빛 쑥부쟁이 피어나고

출사

빛 좋은 날
발길 가는대로 출사표를 던져본다
온 세상이 작은 창으로 들어와
아름답게 보이는 날
나도 덩달아 자연으로 화사해지는 날
앵글을 설정하고
한순간, 숨을 고른다

찰칵!
경쾌한 소리에 전율이 흐른다
그래
산다는 것은
들숨을 참고 셔터를 누르듯
순간이 행복해지는 일이 아닐까

모든 시름 잊고
찰칵!
순간을 담아

영원을 꿈꾼다

비 오는 날은 그리운 날

비가 내리는 날이면 당신이 그립다
은하철도 999를 집어타고 당신을 만나러 가고 싶다
어릴 적 비 내리는 날이면 아버지는
가부좌 자세로 하루 늦게 도착한 신문을 펴고 세상을 보셨다
그 모습은 고고한 학이었다
자박자박 내리는 빗소리와 신문 넘기는 소리에
고즈넉한 산사풍경처럼 신선한 기분을 느꼈던 그 시절
하늘에서 비가 내리는 것은 땅 위에 있는 것들을 쉬게 하는 거라
하시던 말씀을 나는 지금에야 믿는다
그때는 거짓말을 하시는구나 했다
비가 내리면 당신이 그립다
그리고 보고 싶다
빗물을 꺾어서 좋아하시던 국수를 삶아드릴 수도 있고
커피도 끓여드릴 수 있는데
여전히 하늘밭을 매고 계신 아버지
비가 내리는 날이면 국수 한 묶음 안고 아버지가 오신다
춥구나 그곳은, 따뜻한 온국수가 먹고 싶어서 왔다
말씀을 하시는 듯 오늘 비는 그렇게 오롯이 내린다
당신이 오롯이 그리운 날이다

최 문 옥

부자 시장 외 4편

최 문 옥

야들야들한 상추에 고등어조림을 올려 꿀맛 나는 저녁상을 차리고 싶었지요
낙성대역 원당시장 입구 노점에서 채소를 파는 아주머니에게 다가갔지요
개구진 꼬마아이 물놀이하기 딱 좋은 빨간 플라스틱 대야에
상추들이 들어앉아 나를 기다리고 있네요
적상추 꽃상추 주름상추 토종상추 솎은 상추 종류도 여러 가지랍니다
가장 보드랍고 싱싱한 연둣빛 솎은 상추가 간택되었지만
아쉽게도 카드만 한 장 달랑 있을 뿐 현금이 없네요
섭섭한 마음으로 두어 발짝 띄어놓는데
아주머니, 그냥 가져가세요 돈은 다음에 주세요
 사는 거 별거 있나 이렇게 사는 거지
들릴락 말락 혼잣말을 하더군요
처음 보는 나에게 선뜻 외상을 주는 인심에 놀랐지요
이튿날 외상값을 갚고 채소 몇 가지를 사니 오이 두 개를 덤으로 얹어주네요
내 마음은 물 댄 논의 백로가 되어 춤추며 하라락 날아가네요
논물은 한참동안 찰랑거렸구요

서울에는 부자가 참 많다고 들었는데요
진짜 부자가 이곳에 다 산다고나 할까요

기차여행

가을이 깊어간다 해바라기 모임에서 일요일 오후에 북촌역 코스모스 축제에 가기로 했다 무궁화 8호실에 이리저리 짝을 이루어 앉았다 차창밖 풍경은 잘 다녀오라며 웃는 얼굴로 배웅한다 계란을 삶아 왔네 밤을 삶아 왔네 자랑질이 한창이다 매실주도 한 모금씩 배달되어 온다

모처럼 함께 떠나는 길이다 나란히 앉은 남편과 말이 없어도 졸음이 와도 좋은 나른한 오후다 그는 온통 누렇게 무르익어 고개 숙인 나락 들판을 가진 부자였다 빨강 분홍 하얀색이 초록과 버무려진 잔칫상은 구경꾼들마저 넉넉히 배부르게 했다

한데 어울려 춤을 추는 언덕에 어둠이 가라앉았다 좌석표를 미리 구하지 못한 우리는 돌아오는 길 내내 비좁은 복도에서 다리를 꼿꼿하게 세운 채 땀을 질질 흘리며 졸지도 못하고 서서 왔다 그는 몸을 빼기 힘든 콩나물시루의 우리를 방관했고 멈춘 시계였다가 어두운 터널이었다

우리의 인생을 생각해본다 그동안 행복은 마음먹기에 달렸다고 생각해온 것을 반성한다 앉아서 가는 사람들이 서서 가는 고달픈 사람들에게 그렇게 말하는 것은 사람도리가 아닌 것 같다

그러나 기차를 타지 못한 사람은 목적지의 영광에 대하여 상상할 자격이 없다

남편의 생일에 부쳐

당신을 만난 이후 처음으로 생일을 잊었다
어쩌랴, 전화를 걸었다
'늦었지만 축하해요'
'괜찮아 나도 몰랐어 매일매일이 내 생일인데'
그의 목소리가 통통 튀는 정구공이다

살림이 빠듯한 어촌마을
어머니 나이 마흔 다섯
아이가 들어선 것을 뒤늦게 안 그녀는
간장 한 사발 들이키고
언덕 위에서 죽을 듯이 뛰어내렸다
달이 찬 아기는 태어났다
이경무다반종화(二耕無多半種花)[7]로 순진한 아가씨의 마음을 얻고
그는 지아비가 되었다

일이면 일, 바둑이면 바둑, 운동이면 운동,
끝을 봐야 직성이 풀리는 사람
이웃에 좋은 일이 생기면 내 일처럼 기뻐하는 사람
식당에 가면 계산대에 먼저 가서 웃음짓는 사람

---

7) 피천득 <인연>

세 아이가 가장의 어깨를 무겁게 하여도 눈도 까딱하지 않는
사람
틈이 나면 시를 읊조리며 달달 외는
그런 사람이 오늘 밤에도
지어미의 머리맡에 앉아 흥얼거린다
가난한 내가 아름다운 나타샤[8]를 사랑해서…

그대의 푸른 목소리가
나의 여름을 연다

---

8) 백석 <나와 나타샤와 흰 당나귀>

등대

별빛이라고는 새어나오지 않는 밤
비는 내리고
바람이 온 몸을 휘감아 덮치면
지칠대로 지친 나의 서러움은
출렁이는 파도가 되어 바다가 된다

만선을 꿈꾸다만 때 늦은 고깃배
종일 기다렸을 가족이 안스러워
마음이 먼저 달려가다가
방향타를 놓친 무수한 인생을 향해
두 눈 부릅뜨고
반짝 반짝 마중을 한다
이쯤에서 나는
내가 존재하는 이유를 건져 올린다

단잠이 허락되는 한가로운 때가 있다
정오의 햇살이 나보다 밝아서
내가 저들의 눈 밖에 나는 그때이다

막둥이

가족 카톡방에는 막둥이 사진이 자주 올라온다
오늘 아침에는 마당에서 모닝똥하는 사진이 올라온 것을 보았다
서울에서 창원으로, 창원에서 서울로
나와 같이 승용차를 타고 잘도 다닌다
우리에게는 막둥이인데 저들끼리는 어르신 아닐까
고개를 절래절래 흔들던 할머니부터
쫄쫄 따라다니며 신기해하는 아이들 틈에서
12년 째 자기의 위치를 확보한 신통방통한 놈이다
마트에서 만난 아가씨, '맹구 어머니 아니세요?'
아직도 귓전에 남아 있는 낭랑한 현재형이다
나를 닮아 먹는 것을 넘넘 밝히는 묵자맹구
애교는 없지만 속정을 느끼게 해주는 의리맹구
발치에 멀뚱멀뚱 앉았다가 스르르르 스러져 조는 태평맹구
식구살에 제살을 붙이고 디귿자로 뻗어 자는 사랑맹구
병원에 계신 할머니는 늘 맹구의 안부를 묻는다
유언처럼 손녀에게 이른 말, '맹구 때리지 마라'

아직도 똥오줌을 가리지 못하는 맹구는
우리 집의 영원한 막둥이다

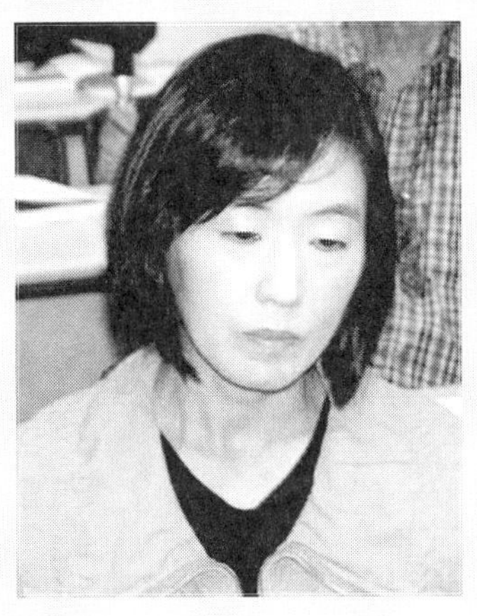

최 현 실

선풍기와 에어컨

최 현 실

바람이 창문만큼만 들어오는 조그만 보금자리에서 나는 그녀와 동거했다

그는 나를 향한 해바라기였다 하루 종일 기다림의 시를 지으며 행복한 한 때를 꿈꾸었다 나는 그의 타오르는 태양이 되어 애틋한 눈으로 나를 바라보았다 끈적이며 깊어가는 어느 여름날이었다 그 여자가 왔다 우리의 뜨거운 보금자리로 하아얀 얼굴에 늘씬한 몸매의 그녀는 빛나는 치아를 드러내며 웃었고 통통한 얼굴에 볼품없는 나는 입 다물고 속울음을 울었다

그날부터 나는 그녀를 향한 해바라기가 되었다 집에 오면 그녀만 바라보고 그녀를 향해 미소 짓고 그녀 앞을 떠나지 않았다 나는 방 한구석에 우두커니 서서 차가운 망부석이 되어갔다 도시를 감싸고 있던 열기가 썰물처럼 밀려나고 안개 같은 달빛이 서늘한 밤을 감싸 안는 그런 시간들이 왔다 창밖에서 귀뚜라미가 윤기 나는 목소리로 노래를 부르자 홀린 듯이 밖으로 나가 다시는 돌아오지 않았다

잠자리가 잠 자리를 불편해할 무렵
그 둘은 내 앞에서 망부석이 되었다

추 민 희

산동네 산후조리원 외 4편

추 민 희

한 꺼풀씩 벗겨낸 하늘이 퍽이나 얇아졌다
때에 찌든 검은 두루마기 칭칭 감고 입 다문 근엄한 청학동 훈장님
이제 싫증이 난 건지 옷을 훌훌 벗어 내던지고
엷은 옥색 버버리코트를 꺼내 입고 헤벌쭉 웃는 게 하릴없는 놈팽이다
구름 한 점 잡아타고 어딜 그리 급히 가는지
포커 판이라도 벌였나 종종걸음 따라 나섰더니 바람이 준비한 길 따라 나선다
능선이 궁금증 참지 못하고 구불구불 고갯길 따라 나선다
함몰진 짝패들 무슨 음모 꾸미려나 보다
꼴깍이는 목젖 가다듬고 지켜보았다
휘리리릭 바람에 장난질로 가랑잎오두막 문이 열리고
해묵은 이브자리 들춰낸 자리엔 고운 흙부인이 해산을 한다
작은 싹이 낑낑 탯줄 잘라 그네매고 아지랑이 통속에서 바람을 탄다
산동네 해산날이라 바람의사도 능선간호사도 그리 분주했구나
이집 저집 새싹의 탄생으로 축시가 메아리신문에 빼곡히 실리고
축하에 화환이 속속 도착하네
산수유꽃 노란 눈웃음이 산고랑에 흘러넘치고

매화는 예쁜 리본 펄럭이며 나비랑 왈츠를 춘다
산파할미꽃 허리도 못 펴고 진달래 등걸에 불을 지핀다
따듯한 온돌방 산동네 산후조리원

스마트폰

난 지금 어딘지 모를 곳으로 가고 있다
그녀는 아침부터 내게 옷을 챙겨 입히고 콧노랠 부른다
옷장에 옷이란 옷은 다 끄집어내 입고 벗어 놓기를 여러 번
청바지에 운동화 신고 뒷주머니에 나를 푹 찔러 넣더니 한참을 걷더라
에휴 갑자기 내 몸을 흔드는 소리에 주인은 나를 들고 수다를 떠는데
시누가 어쩌고 신랑이 저쩌고 애들 땜에 환장하겠다느니
분이 안 풀리는지 소리까지 지르며 한참을 떠드는 거야
알고 보니 친정엄마였어
몇 골목을 지나 커피숍에 들어간 거야
망고스무디, 같은 걸로 둘, 바쁘게 주문하고는
둘은 손을 꼭잡고 한동안 말이 없었어
난 한참 자고 있는데 내 옷을 들추더니
손가락으로 쿡쿡 건드려, 자기 뭐해 몇 시 퇴근이야,
나 집이지, 거짓말로 신랑한테 보고하는데
우스워서 죽는 줄 알았어
그러더니 그녀는 부리나케 집에 와서
저녁을 하느라고 날 팽개쳐놨는데

나는 배가 고파 참을 수 없어
울어보고 윙크도 보내봤지만 끝내는 기절하고 말았어
얼마나 있었나 눈을 떠보니 내 옷은 벗겨져 있고
링거 한 대 꽂혀서 반드시 누워있더라
난 다시 스르르 단잠에 빠졌어

수예품 상점
– 고려대 평생교육원 시창작강의실

아는 사람이 되기보다는 배우는 사람이 되고 싶어서
서둘러 움직이는 고철덩어리에 몸을 맡겼다
덜컹이는 박스 안에 마주치는 낯선 명암들
서걱이는 시야를 차창 밖으로 내놓고 간다
나의 불편과 무관하게 포개지는 고철덩어리를
세 번이나 갈아타고 도착한 스토리 교실
샘 샘 샘, 반가운 마음에 손이 먼저 나간다
시 배움터는 내 인생을 착지할 수 있는 둥지
은유심상법, 처음으로 맛보는 꿀송이는
쥐어짜지 않아도 신선한 단물이 주르르 흘러내렸다
사람마다 예쁜 수예품을 하나씩 들고 나온다
제각기 일주일에 숙제시를 아름다운 색실로 수놓아 온다
오늘은 어떤 수가 놓여졌을까
두근대는 가슴은 콩콩 뛰고 두 귀는 길게 촉수을 세운다
시원하고 달콤한 팥빙수 같은 시에서
홍보석 녹보석이 톡톡 터져 나온다
나도 어서 산호 같은 예쁜 글줄 짜내는 물레가 되고 싶다
오늘도 스쿨 안은 보석으로 반짝인다

주인 잃은 벼이삭

찬바람이 시간을 덮으며 무서리는 비상을 멈춘다
엷어진 햇살 속에 떨어져 홀로된 벼이삭
긴 겨울과 홀로 싸워야 하기에
겉껍질 단단히 굳히고 설움을 다독인다
겨울채비에 마음의 빗장 채운다
환골탈퇴로 한 시절 푸르름을 뽑아내기 위한
들녘은 아우성이 가득한 전쟁터다
그들은 납작 엎디어 숨을 고르고
새봄 쟁기질에 눈뜨려 겨울잠을 청한다
그들이 가여워 밤새우는 귀뚜라미야
너마저 봇짐 들고 떠날 채비를 하는구나

보석이 된 글자들

오늘도 나는 아는 사람이 되기보다
배우는 사람이 되고 싶어 일찍 자리를 정돈하고
움직이는 고철덩어리 에 몸을 맡겼다
덜컹이는 박스 안에 마주치는 낯선 명암들
서걱이는 시야를 차창 밖으로 내놓고
무관하게 포개지는 명함박스를 세 번 갈아타고 도착한 교실
샘 샘 샘, 반가운 마음에 손이 먼저 나간다
교수님에 배움터는 내 인생을 착지할 수 있는 활주로
처음으로 맛보는 꿀송이, 그 맛이 달다
쥐어짜지 않아도 꿀물이 흐른다
만나는 모습마다 예쁜 수 하나씩 들고 나온다
제각기 일주일에 한 편씩 숙제시를 아름다운 색실로 그려온다
어떤 수가 놓여졌을까
두근대는 가슴은 콩콩 뛰고 두 귀는 길게 촉수을 세운다
팥빙수 같이 시원한 보석알이 툭툭 터져 나온다
나도 어서 산호 같은 예쁜 글줄 짜내는 물레가 되고 싶다

오늘도 스쿨 안은 보석으로 반짝인다

한상현

그녀의 정원 외 4편

한 상 현

라일락이 꿀벌을 유혹해 불륜을 저지를 때쯤
산자락에 그녀의 정원이 살고 있다
벚꽃이 봄에게 러브레터를 보내고
목련이 순백의 드레스를 입고
호랑나비와 웨딩마치를 울린다
찔레꽃 가시에 찔러 복수초 눈초리 매섭다

아침이 고개를 들어 꽃들이 인사를 한다
장미의 키스가 그녀의 입술에 사랑을 심었다
안개꽃이 피는 날 패랭이 모자를 쓰고
거미줄에 앉아 바이올린을 탄다
수선화 아침 이슬에 취해 교태를 부린다

나팔꽃 스트라빈스키 선율에 부용이
불새가 되어 하늘로 날아갔다
달맞이 꽃 을 타고 하늘을 걸으며 내려다 본다
초대받지 못한 엉겅퀴 민들레 칡꽃들이
꽃들을 밀어내고 정원을 점령하려 한다

잡을 수 없는 시간이 겨울을 먹고 있다

가슴에는 상사화가 된 두견새 서럽다
꽃들이 하얀 겨울을 덮고 잠이 든다
순간을 살아도 영원으로 잉태한 생명
그녀의 정원은 봄을 기다리며 겨울을 먹고 있다

신설동 풍물시장에서

겨울비 추적거리는 풍물시장
멈추어버린 시간들이 잠을 깨며 반긴다
낡은 바이올린이 키높이 음계로 걸려있다
스트라디바리 과르네리 바이올린
이빨 빠진 피아노가 운명 교향곡을 떨구고 있다
재봉틀에는 어머니의 쉰밥이 눈물짓고
경무대 공전식 전화기가 6.25전쟁 소식에
따르릉 울고 있다
축음기에서 윤심덕의 사의 찬미가
빗방울 오케스트라 합주에 춤을 춘다
북청 물장수 물지게에 잉어가 승천을 한다
낡은 구두에 생기를 잃은 샐러리맨이
누에가 싼 똥으로 만든 누비이똥에 환장녀
세월의 향기가 잠들은 풍물시장에
죽은 시간들이 날갯짓한다

시장 모퉁이 동태탕 일인분에 오천원이다
푸짐한 인심에 권장 넉넉한 미소가
동태 날개지느러미를 타고 입안으로 날아든다
풍미에 취한 시인들이 소주잔에 담긴

시심을 마시고 있다

불에 그슬린 유명배우 사진에도 겨울비는 내린다

임플란트 심는 날

2사단 3기갑 연대
4중대 5소대 내무반 인원이
총 28명 중 결원 6명 현인원 22명이다
탈영병 2명 사망 4명이다
사망자 4명은 빨갱이 충치군의 포격에 장렬히 전사했다
탈영병 2명은 태풍 매미 카운트 펀치에 실종돼 탈영병으로 처리됐다
11월 14일 보충병 2명이 전입해 왔다
어이 쫄따구 신고식 화끈히 해라
한 번에 끝내자
이병 옥수수 2014년 11월 14일부로 전입을 명 받았습니다
이에 신고합니다
이병 강냉이 전과 동입니다

봐라 봐라
군기가 쏙 빠졌구먼
지금부터 땅을 판다
무기는 드릴이다
적당한 깊이로 파라
옥수수 한 포기 강냉이 한 포기 심는다 실시

드릴로 꽁꽁 언 땅을 판다
진동에 몸서리치며 울부짖는다
장갑을 끼었어도 떨림은 살아있다
요즘 군대 으스스 장난이 아니다
드릴로 파논 땅에 모종을 심었다
참이슬로 목을 촉촉이 적셔주었다
강냉이가 열리면 쪄먹을까 뻥튀기 튀겨먹을까
백일 휴가 전에는 먹을 수 있을까

할머니가 고향집 초가지붕에 심어놓은
내 추억의 강냉이 누가 먹었을까

2014년 고려대 평생교육원 엔솔로지

새는 날고 꽃은 피어

초판인쇄일 2015년 1월 15일

초판발행일 2015년 1월 21일

지은이 : 최문옥 외

발행인 : 김순진

편집장 : 전하라

디자인 : 김초롱

펴낸곳 : 문학공원

등 록 : 2004년 3월 9일 제6-706호

주 소 : (우편번호 130-814)서울 동대문구 난계로 26길 17호

삼우빌딩 C동 302호 스토리문학사

전 화 : 02-2234-1666

팩 스 : 02-2236-1666

홈페이지 : http://cafedaumnet/yob51

이메일 : 4615562@hanmailnet

※ 책값은 뒤표지에 있습니다.